誰でもわかる維摩経

菅沼晃著

大法輪閣

まえがき

二〇一一年三月、突如襲ってきた地震と大津波、それとともに発生した原子力発電所の事故によって、日本はかつて経験した事のない大きなダメージを受けました。それは家や発電所を押し流し破壊しただけではなく、私たちの心からも何か確実なもの、拠り所を奪い去ったかのようでした。しかし、そのような状況のなかで、被災された方々が自分のことを考えるより先に、行方不明の人々の安否を気遣っておられる様子や、自分の仕事を二の次にして支援活動を続けておられる方々の姿を見ると、これこそ現代の菩薩の姿なのではないか、と思わずにはいられませんでした。もし『維摩経《ゆいまきょう》』の主人公・維摩居士《こじ》が今の日本に現れたとしたら、彼は自分の蔵の扉をすべて開け放ち、あらゆるところに姿を現して支援活動を続けるに違いありません。

さて、これから口語訳でご紹介する『維摩経』は、数ある大乗経典のなかでも在家の富豪・維摩を主人公とし、私たちが日常的に「空《くう》」にもとづいて生活するにはどうしたらよいかを、維摩居士の言葉と生き方を通して説いたユニークな経典です。

「仏教経典はむずかしい」とよくいわれます。それは仏教用語のほとんどが漢字であって、なじみにくいということによると思います。難解といわれる仏教語をわかりやすい現代語になおすのは容易ではないのですが、まずは漢字にこだわらないで、一度原語に帰って意味を考えてみたらよいと思います。サンスクリットの原本がある場合には、それをじっくり読み、まずはその経典が何をいおうとしているかを十分にくみ取ったうえで、思い切って現代の言葉になおす、これが一番よい方法だと私はつねづね考えています。

幸いなことに、これまで断片でしか知られていなかった『維摩経』のサンスクリット原典が近年発見・出版され、誰でも利用できるようになりました。この経典は全体としてドラマのような形式をとり、維摩居士、シャーリプトラ、マンジュシュリー、天女などの登場人物の対話・対論によって教えが説かれるのが特徴です。たとえば維摩居士とシャーリプトラ・マハーマウドガリヤーヤナなどの仏弟子たち、シャーリプトラと天女との対話などには、古典ドラマのなかのセリフを彷彿《ほうふつ》とさせるものがあります。

そこで、本書でも対話・対論の部分については、サンスクリット文をそのまま古典ドラマのセリフ風に訳し出し、彼らの生き生きとした言葉のやりとりを紹介できたら、と思います。これにたいして、とくに教理を説く部分は繰り返しが多く、また、あまりにも煩瑣《はんさ》に思えるところもありますので、重要と思われる部分は本文どおりに訳出しますが、大切な教理だけを取り上げたところもあり、要約文としているところもあります。いずれの場合もサンスクリット本にもとづいていることを付記しておきたいと思います。

なお、経典訳文中の固有名詞は原語の片仮名表記としましたが、維摩についてはヴィマラキールティとはしないで、従来親しまれてきたとおりの「維摩」、あるいは「維摩居士」としました。

本書で使用したテキストは『梵文維摩経』（大正大学出版会）であり、鳩摩羅什訳『維摩詰所説経』は高崎直道博士による国訳（「新国訳大蔵経」文殊経典部2　大蔵出版）を使用させていただきました。なお、訳出の作業に当たっては、大鹿実秋校訂『チベット文維摩経テキスト』(『インド古典研究』・成田山新勝寺)、Étienne Lamotte; The Teaching of Vimalakīrti, from the French translation, rendered into English by Sara Boin Oxfod 1994, Robert A.F.Thurman; The Holy Teaching of Vimalakīrti,The Pennsylvania State University 1976 などを終始参照しました。

この『維摩経』からのメッセージが読者の皆様の心に届き、維摩居士の教えと生き方に共感して、現代の菩薩として活躍しようとする意欲をさらに強めることができたら、これに勝る喜びはありません。

終りに、本書の編集を担当された黒神直也氏に、また本書出版の縁を作っていただいた元大法輪閣編集長・本間康一郎氏に衷心から御礼を申しあげたいと思います。

二〇一一年　初夏

菅沼　晃

《誰でもわかる維摩経　もくじ》

写真提供…奈良・法相宗大本山興福寺　株式会社　飛鳥園
装丁…黒瀬章夫（マルプデザイン）

第㊀部……『維摩経』を読むまえに

❶『維摩経』とはどのような特色を持つ経典でしょうか

『維摩経《ゆいまきょう》』という経典の特色を知るためには、まず、奈良・興福寺の東金堂《ひがしこんどう》に安置されている維摩居士座像を見ておくとよいと思います。実物を拝観できれば一番よいのですが、写真でも十分です。

頭に頭巾をかぶり、眉を少しつり上げ、大きな、というよりも意志的な鼻を持ち、細く鋭い目で相手を見据え、論敵を厳しく論破している姿には、一般的な仏像のかもし出す静寂な雰囲気とは違った、意志的なものが感じられます。

『維摩経』の主人公である維摩居士の姿は、中国では甘粛《かんしゅく》省《しょう》莫高窟《ばっこうくつ》の第一〇三窟の「維摩経変相図《へんそうず》」のなかに描かれているものが有名です。日本では、室町時代の文清《ぶんせい》筆「維摩居士像」、京都・東福寺蔵の「維摩像」、時代は下がって下村観山《しもむらかんざん》筆の「維摩黙然《もくねん》」などがよく知られています。しかし、なんといっても、鎌倉時代の仏師・定慶《じょうけい》作の「維摩居士坐像」が、この経典の教えを体現している維摩という人物を最もよく表現しているのではないでしょうか。

〈在家の居士、維摩を主人公とする経典〉

数ある大乗経典のなかで、『維摩経』は形式・内容ともに極めてユニークな経典です。

まず第一に、この経典の主人公が、ヴァイシャーリーという古代インドの代表的な商業都市に住む在家の仏教信者・維摩（ヴィマラキールティ、音訳して維摩詰《きつ》、略して維摩）であることです。

仏教の経典では、一般にブッダが主役となって教えを説くのが普通です。『維摩経』でもブッダは最初の部分で仏弟子や菩薩たちから賛嘆の言葉を捧げられ、維摩の病気見舞いに行くことを仏弟子たちに命ずる役割を与えられ、終わりの四章でも、『維摩経』を後世に伝えることを弥勒菩薩《みろくぼさつ》に委嘱《いしょく》するなどの役目をはたしています。しかし、経典全体を通して、ブッダはどちらかというと舞台の背後にいて時々姿を見せる存在のように描かれています。

木造維摩居士坐像（国宝　奈良・興福寺東金堂）

たとえば、この経典では、神通力《じんづうりき》と呼ばれる不思議な力によって超自然的な出来事がよく起こるのですが、その際もブッダ自身が神通力をつかうのではなく、維摩に命じて維摩の力によって不思議な出来事を起こさせる場面があります。こうすることによって、維摩を引き立てようとしているのでしょう。ただし、ブッダが、この経典に登場するすべての菩薩たち、ヴァイシャーリーの市民たち、天竜八部衆といわれる者たち、その他の無数ともいえる者たちの絶対的な信仰の対象となっている点は、ほかの経典と変わりません。

それにたいして、この『維摩経』というドラマでは、重要な場面のすべてにわたって維摩が主役として登場します。彼はつぎつぎと舞台に上がってくる共演者たち——シャーリプトラ（舎利弗《しゃりほつ》）、マハーマウドガリヤーヤナ（大目連《だいもくれん》）、マハーカーシュヤパ（大迦葉《だいかしょう》）などの十大弟子や弥勒菩薩、文殊師利《もんじゅしり》菩薩、悪魔のパーピーヤスなどと対論します。

その対論の内容はブッダの教えについてだけではなく、人生や社会のさまざまな問題にわたります。文殊菩薩とは対等の対論をしていますが、他の菩薩やブッダの直弟子たちの主張には容赦なく批判を加え、ことごとくこれを論破して、空《くう》にもとづく生き方を明らかにして行きます。

在家者を主人公とする経典には、ほかに、コーサラ国のプラーセーナジット王（波斯匿王《はしのくおう》）の娘であるシュリーマーラー・デーヴィー（勝鬘夫人《しょうまんぶにん》）を語り手とする『勝鬘経《しょうまんぎょう》』があります。しかし、この経典はシュリーマーラー夫人が説く常楽我浄《じょうらくがじょう》の法身《ほっしん》（永遠不滅の真理）とか如来蔵《にょらいぞう》などの教えに対して、ブッダがその一々を承認してゆくという形式をとっているだけで、特に在家者と出家者の問題を取り上げているわけではありません。まして、在家の居士が、出家して専門的に修行している仏弟子たちや菩薩たちを批判し、やりこめるというような内容はまったく見られません。

〈小乗教徒の役割を演ずる十大弟子〉

第二の特色は、この経典にはシャーリプトラ、マハーマウドガリヤーヤナ、マハーカーシュヤパをはじめとする十大弟子、弥勒・文殊などの諸菩薩、天女などが登場するのですが、それぞれが小乗、あるいは大乗の立場に立つ者としての役割を演じているという点です。仏弟子たちのなかでも、特に智慧第一といわれるシャーリプトラは、登場する度に維摩の厳しい批判を受けています。あげくのはては天女によって女性の身体に変えられてしまうなど、気の毒に思われるような役割を与えられています。この経典全体を通じて、シャーリプトラはいわゆる小乗的な考えを持つ者の代表者として扱われ、道化役者のような役を演じているかのようです。

シャーリプトラにこのような役を演じさせることによって、『維摩経』は大乗仏教による生き方とはどのようなものかということを、それと対比させて明らかにしようとしているのです。ここでは、出家と在家の立場が逆転していて、定められた戒律や教えをマニュアル通りに守って暮らすことよりも、ヴァイシャーリーの一市民として人々とともに、人々と同じように生活しながらも、大乗仏教の説く空を体得している維摩の融通無碍《ゆうずうむげ》の生き方が理想とされているのです。

〈人生問題や市民としての課題を説く〉

第三の特色は、この『維摩経』というドラマの舞台となっているのが、古代インドの自由商業都市であったヴァイシャーリーとされていることです。ヴァイシャーリーは現在はビハール州の貧しい農村ですが、ブッダの時代にはリッチャヴィ族の都として栄えた町で、サンガと呼ばれる一種の共和政をとる国（都市）の一つでした。ここは、また、ブッダのお気に入りの都市でもあり、涅槃《ねはん》の地クシナガラへの最後の旅の途中でも滞在した地として知られています。

商業の発達や交易などによって町は栄え、自由な空気に満ちたヴァイシャーリーこそ、維摩が自由に活躍するにふさわしい場所であると、経典の作者は考えたのでしょう。

このように都市を舞台とする『維摩経』には、生《しょう》・老・病・死などの人生問題だけではなく、政治や経済、社会的な平等や男女の性差別、環境問題に至るまで、人間社会のさまざまな問題が直接的に、あるいは間接的に言及され、或る場合には比喩《ひゆ》によって暗示されています。「浄らかな理想の社会（浄仏国土）をつくるにはどうしたらよいか」ということが、この経典全体の主要なテーマとなっているのです。

この経典では、また、病気ということが重要な課題として取り上げられていることも特色の一つです。維摩は自分自身の病気の姿を見せたうえで、病気の身体的・社会的な原因や病気それ自体についての考え方を明らかにしています。さらに興味を引かれるのは、私たちが自分の病気から何を学んで行くべきなのかというテーマとともに、病床にある人を見舞うときの、見舞う人の心得にまで説き及んでいる点です。それらを通じて、大乗仏教の人間観を明らかにして行く、これが『維摩経』のねらいなのです。

❷『維摩経』はいつ頃、どのようにして成立したのでしょうか

〈大乗仏教運動はどのようにして始まったか〉

西暦紀元前後から二世紀はじめの頃、インドの西北部を中心とする地域で、ブッダその人への熱烈な信仰にもとづいて、自分自身の救いとともに広く人々を救済しようとする新しい宗教運動が起こりました。それまでの仏教がどちらかというと出家者中心であったのにたいして、この運動では在家の信者たちが重要なはたらきをしていたと考えられています。

彼らは自分たちの信じる教えをマハーヤーナ（大乗）と名付け、従来の仏教教団のなかで自分自身の救いを第一と考える人々を、貶《おとし》めてヒーナヤーナ（小乗）と呼びました。この初期の大乗仏教が興《おこ》った地域は、出土した写本などの研究によって、インドの西北部（現パキスタン）のガンダーラ地方から現アフガニスタンのバーミヤン渓谷にわたる地域であることが、現在、ほぼ明らかになっています。

大乗仏教運動を始めた人々は仏塔を崇拝したり、仏像を造ったりするとともに、すべての人々を救済しようとする自分たちの主張を、経典を創ることによって広く人々に訴えようとしました。

まず、大乗仏教の基本的な立場を示す空観《くうがん》と、それにもとづく菩薩の実践を説く『般若経』と呼ばれる経典が造られました。それに続いて『華厳経』、『法華経』、『阿弥陀経』、『無量寿経』、『維摩経』、『般舟三昧《はんじゅざんまい》経《きょう》』などの経典が続々と創られて行きます。一般に、これらの大乗仏教運動が始められた頃から創られた諸経典を、初期の大乗経典と呼びます。

〈大乗仏教の教えの基本を説く般若経〉

これらの初期の大乗経典のうちで、これから読む『維摩経』と思想の上から最も関係が深いのは、なんといっても『般若経』です。『般若経』には、『般若心経』のようなきわめて短い経典から『大般若経』六百巻（玄奘《げんじょう》訳）にいたるまで、実に多くの経典が含まれています。そのいずれもが般若波羅蜜多《はんにゃはらみった》を主要なテーマとしているので『般若経』と呼ばれるのです。

般若波羅蜜多とは、サンスクリット語のプラジュニャーパーラミターを音訳したものです。プラジュニャーは「根本的な智慧」という意味ですが、智慧といっても日常的なものごとを理解し判断するはたらきではなく、真実の智慧、いい換えれば悟りの智慧です。パーラミター（波羅蜜多）は、「完全、完成」を意味する言葉です。そこで、プラジュニャーパーラミターは「智慧の完成」ということになります。

中国・日本・チベット・モンゴルの仏教の伝統では、「彼岸《ひがん》に到達した状態」という意味に理解されて、「到《とう》彼岸」と訳されるのが普通です。彼岸とは迷いの世界（此岸《しがん》）を超えた悟りの世界を指しますから、到彼岸ということは仏道修行の完成ということになり、結局は「智慧の完成」と同じことを意味しているといってよいと思います。

このように、『般若経』の中心的な課題は、どのようにして真実の智慧を完成して行くのか、ということです。それでは、真実の智慧を完成するためにはどのような実践をしたらよいのでしょうか。

〈真実の智慧を完成させる六つの実践行〉

『般若経』では、菩薩（すなわち、私たち一人一人）が真実の智慧の完成のために実践しなければならない徳目として、「六つの実践行」が説かれています。本来は、日常生活のすべてが智慧を完成させるための実践行なのですが、その代表として六つの徳目があげられているのです。

具体的には、（一）布施による智慧の完成行（物を施す財施《ざいせ》、真実の教えを教授する法施《ほうせ》、恐怖・不安を除いて安心を与える無畏施《むいせ》）、（二）持戒《じかい》による智慧の完成行（戒律をしっかり守って生活すること）、（三）忍辱《にんにく》による智慧の完成行（迫害厄難に耐え忍ぶこと）、（四）精進《しょうじん》による智慧の完成行（たゆまずに仏道を実践すること）、（五）禅定《ぜんじょう》による智慧の完成行（深く禅定に入って心を統一すること）、（六）これらの五つの智慧の完成行を通して、真実の智慧の完成を実現することです。

六つの知恵の完成行のそれぞれの意味については、『維摩経』の本文を読みながら考えることとして、ここでは、「布施による智慧の完成行」を取り上げて、『般若経』がどんなことをいいたいのかを見ておくことにしましょう。

布施とは文字通り何かを他の人に与えることを意味しています。一般に、在家の人々が出家者や貧しい人々に財物や食物などを施すことを財施といい、出家者や行者などが一般の人々に教えを説くことを法施といいます。しかし、最も重要なのは、人々を災害や不幸から救い、恐怖心や不安を取り除いて安心を与える無畏施であり、これこそ宗教の最終的な目的であるといってよいと思います。

私たちが布施（何かを誰かに与えること）という行為をするとき、それが財施であっても法施であっても、そこには必ず「布施する人」と「その布施を受ける人」がいるはずです。日常のレベルで考えて、人に物を与えるという場合、まず私たちがおちいり易いのは「私が何かを与えてやった」という思いを持つことです。しかし、「私が何かをしてやった」という思いがほんの少しでもあったら、それは本当の布施ではない。したがって、そのような布施は「智慧の完成行」とはほど遠いものだ、と『般若経』はいうのです。

『般若経』では、また、布施することによって、自分にどれだけの利益があるか、いい換えれば、この布施を行うことによってどれほどの功徳があるかという、見返りや結果を期待して行う布施も否定されます。そのような布施は、本当に相手の幸福のために行われるものではなく、ただ自分自身を満足させるだけのものだ、というのです。

「私が与える」とか「私が何かをしてやる」という思いは、自分にたいするとらわれの心から生まれるものです。そのようなとらわれの心が全くない、ただ慈しみと哀れみの心のはたらきによって布施が行われるとき、それは「空《くう》」にもとづく行為とされ、それこそ「般若の智慧の完成行」といわれるのです。

〈般若経の実践編としての維摩経〉

このように、般若の智慧の完成、その方法としての六つの実践徳目、「一切の存在は空である」とする空《くう》観《がん》などを説く『般若経』と、『維摩経』とはどのような関係にあるのでしょうか。いくつかの見方ができるでしょうが、端的にいえば、『般若経』は般若・空という原理を説き、『維摩経』はその原理の上に立って、どのようにして空を実践し、般若の智慧を完成させてゆくかという実践面を、維摩という在家の居士の生き方や主張を通じて、具体的に説き明かした経典、ということができると思います。

膨大《ぼうだい》な般若経典群に説かれる教えの核心を明らかにしている『般若心経』では、「すべてのものは空である（色即是空《しきそくぜくう》）」と説かれていますが、そこでは、文字の上からは「空観《くうがん》とはどういうことか」とか、「空にもとづく日常生活はどういうものか」などの具体的な説明はなされていません。

それにたいして、『維摩経』では、「空にもとづく行為・生活はどのように行われるべきか」ということが、具体的に、しかもドラマチックに説き明かされています。このような意味で、初期の大乗仏教の思想的なベースを作ったのが『般若経』であるとすれば、『維摩経』はその実践編に当たる、といってよいと思います。『維摩経』で空をとりあげるとき、それを思想的に見るよりも「空観」という実践的な立場から見ることはいうまでもありませんが、さらに進んで日常的な場で、「空による生き方はどのようなものか」が説かれているのです。しかも、それが維摩という在家の居士の口を通して語られるところに、この経典の最大の特色があります。

このように、『維摩経』は『般若経』で説かれる空の教えを基調として、それを具体的に説き明かそうとしていること、また、初期の大乗仏教思想を集大成した竜樹《りゅうじゅ》（一五〇～二五〇頃）の『大智度論《だいちどろん》』でしばしば言及されていることなどから、おそらく西暦一五〇年頃には成立していたと推定されています。

❸『維摩経』の原典、漢訳にはどのようなものがあるのでしょうか

〈維摩経という題名の意味は〉

これまで何のことわりもなく『維摩経』という言葉をつかってきましたが、ここでこの経典の題名、原典、翻訳について、簡単に紹介しておくことにしましょう。

まず、経典の題名は「ヴィマラキールティ・ニルデーシャ」で、「ヴィマラキールティ（維摩詰）によって説かれた教え」という意味です。維摩とはヴィマラキールティを維摩詰《ゆいまきつ》と音訳し、略して維摩といったものです。在家の人であることから、維摩居士と呼ばれることもあります。

さらに詳しくいえば、ヴィマラキールティというちのヴィマラとは「汚れを離れた、汚れがない」という意味を表し、キールティは「何々と呼ぶ、名付ける」という意味の動詞語根から作られた言葉で、「評判」とか「名声」の意味です。そこで、ヴィマラキールティは「汚れがないとの名声を得た人」、あるいは「汚れがないことで評判の人」という意味となり、漢訳では「無垢称《むくしょう》」（玄奘訳）、あるいは「浄名《じょうみょう》」と訳されることもあります。

仏教においては、「汚れ」（マラ）とは一般に煩悩《ぼんのう》、あるいは物や自我にたいする執着の心を表しますから、「商人として世俗の生活を続けながら、よく身を保ち、浄らかな心を保持している人」という意味で、この経典の主人公をヴィマラキールティと名付けたと考えられます。

〈原典と翻訳は〉

この経典のサンスクリット原典は、いくつかの論書のサンスクリット原典のなかに引用されているものが知られていただけでしたが、一九九九年に大正大学の調査プロジェクトチームによって、チベットのポタラ宮殿で完全なサンスクリット写本が発見されました。重要な大乗経典の完本が発見されたのですから、これは「世紀の大発見」といってもよいほどの意味を持っています。

二〇〇四年には大正大学梵語仏典研究会編『梵蔵漢対照維摩経』が刊行され、二〇〇六年には同研究会によって校訂された『梵文維摩経―ポタラ宮殿所蔵写本に基づく校訂』が出版されました。これは『維摩経』写本をローマ字で表記したテキストで、『維摩経』に関心を持つ者に大きな恩恵をもたらす出版といってよいと思います。

中国では、この経典の翻訳は七度行われたといわれますが、現存するのはつぎの三種です。

『維摩詰所問経』二巻　支謙《しけん》訳（二二二〜二二九）
『維摩詰所問経』三巻　鳩摩羅什《くまらじゅう》訳（四〇六）
『説無垢称経』六巻　玄奘訳（六四九〜六五〇）

この経典のチベット語訳は早くから紹介されており、古くは河口慧海師の『漢蔵対照・国訳維摩経』（一九二八年、『河口慧海著作集』第十巻『維摩経』平成十三年、うしお書店）、現代語訳には長尾雅人訳『維摩経』（中公文庫）、大鹿実秋訳『維摩経』（「世界の大思想」Ⅱ―2「仏典」、河出書房）があります。チベット語訳の『維摩経』は、ベルギーの仏教学者エティエンヌ・ラモット博士（イエズス会の聖職者で、ルーヴァン・カトリック大学のギリシャ語教授）によってフランス語訳され、初めてヨーロッパ・アメリカ世界に紹介されました（一九六二年。その英語訳はパーリ聖典協会から一九七六年出版）。その後、仏教学者で仏教の実践家でもあるロバート・サーマン博士によって、チベット訳からの英語訳が刊行されました（一九九一年）。

このように『維摩経』はサンスクリット本、チベット語訳、三種の漢訳本が現存していますが、これまで中国・日本で最もよく読まれ、尊重されてきたのは鳩摩羅什訳の『維摩詰所問経』です。我が国で『維摩経』というときには、普通の場合はこの羅什訳をいいます。

鳩摩羅什《クマーラジーヴァ》（三五〇～四〇九頃）は西域《さいいき》の亀茲国《きじこく》（現中国新疆《しんきょう》ウイグル自治区、天山山脈南麓のタリム盆地北部のクチャ）出身の翻訳僧で、『維摩経』だけではなく、『妙法蓮華経』『阿弥陀経』など、中国・日本で広く読まれた経典には羅什訳が多いことはよく知られています。

❹『維摩経』はどのような構成になっているのでしょうか

〈なぜヴァイシャーリーで説かれたのでしょうか〉

仏教経典の一般的な形式では、ブッダがいつ、どこで、どのような人々に対して、その経典を説いたかということが、まずはじめに明らかにされます。形式の上からは、大乗経典であっても、教えを説くのはブッダその人とされ、「いつ」ということについては、ブッダの生涯のうちの「ある時」とされるのが普通です。「どこで」とは、古代インド・マガダ国の都のラージャグリハ（王舎城《おうしゃじょう》）郊外にある霊鷲山《りょうじゅせん》やコーサラ国の都シュラーヴァスティー（舎衛国《しゃえこく》）にある祇園精舎《ぎおんしょうじゃ》とされることが多いのですが、『維摩経』の舞台はヴァイシャーリーという町です。

ヴァイシャーリーは、現ビハール州の州都パトナからガンガー河を渡り、北へ約五〇キロのところにあり、歴史的には、王の独裁を排してサンガと呼ばれる一種の共和政をとっていた都市といわれます。すでに触れたように、ブッダが好感を持っていた土地の一つで、ブッダはその生涯に五度、ここで雨期の定住（雨安《うあん》居《ご》）をされたといわれています。

また、ブッダの入滅後百年の頃、この地で第二結集《けつじゅう》が行われたと伝えられています。その際、ブッダによって定められた戒律を厳格に守ってゆこうとする人々と、自由に解釈する人々が対立し、教団は二つに分裂した、といわれます。『維摩経』の作者が、この経典の舞台としてヴァイシャーリーを選んだとき、この地で仏教教団がはじめて保守派と進歩派に分かれたという第二結集の伝説を意識していたかも知れません。いずれにしても、舞台をヴァイシャーリーとしたのは、リッチャヴィ族の長者である維摩居士の融通無碍《ゆうずうむげ》なはたらきの場にふさわしい設定といえるでしょう。

『維摩経』はドラマ仕立ての経典で、主役をつとめる維摩居士もフィクションのなかの人物なのですが、七世紀初めの頃この地を訪れた中国の三蔵法師・玄奘はインド旅行記のなかで、アショーカ王によって建てられたストゥーパ（仏塔）などについて述べた後で、つぎのように記しています。

「この近くに、一つの霊妙な家がある。そのありさまは瓦を積んだようであるが、いい伝えによれば、石を積んだものだという。ここが無垢称長者（維摩）が病の姿を現して法を説いたところである。この近くに、ストゥーパ（塔）がある。長者の子であった宝積《ほうしゃく》の家の址《あと》である。この近くにストゥーパがある。アームラパーリーの家の址である」（『大唐西域記』巻七）

玄奘はインドから帰国（六四五年）して間もなくこの経典を翻訳したのですから、自身がヴァイシャーリーの地を訪れたとき、アショーカ王の法勅《ほうちょく》を刻んだ塔などを見るうちに、『維摩経』の舞台となったヴァイシャーリーの賑《にぎ》やかな町角や、維摩をはじめとする人々の姿が心の中に浮かんできたのではないでしょうか。

〈『維摩経』の構成　全三幕のドラマのような構成〉

『維摩経』という経典全体をドラマに見立てますと、第一幕はヴァイシャーリー郊外にあるアームラパーリー園でのブッダの説法の会（会座《えざ》）、第二幕はヴァイシャーリー市内にある維摩居士の自宅の病室、第三幕は再びアームラパーリー園の説法の座、ということになります。

そこで、この経典の構成を、鳩摩羅什の漢訳とサンスクリット本を対照させて見ておきましょう。

第一幕　ヴァイシャーリーのアームラパーリー園におけるブッダの説法の会

《鳩摩羅什訳》	《サンスクリット本》
第一場　仏国品《ぶっこくぼん》第一	仏国土清浄の由来　第一章
第二場　方便品《ほうべんぼん》第二	不思議な善巧《ぜんぎょう》方便　第二章
第三場　弟子品《でしぼん》第三	仏弟子たち、菩薩たち問いと答え　第三章
第四場　菩薩品《ぼさつぼん》第四	
第二幕　ヴァイシャーリー市内にある維摩の自室（病室）	
第一場　文殊師利問疾品《もんじゅしりもんしつぼん》第五	病気見舞い　第四章
第二場　不思議品《ふしぎぼん》第六	不思議な解脱《げだつ》を説き明かすこと　第五章
第三場　観衆生品《かんしゅじょうぼん》第七	天女　第六章
第四場　仏道品《ぶつどうぼん》第八	如来の種姓　第七章
第五場　入不二法門品《にゅうふにほうもんぼん》第九	不二の法門に入ること　第八章
第六場　香積仏品《こうしゃくぶつぼん》第十	変化の食事を受けること　第九章
第三幕　再びヴァイシャーリーのアームラパーリー園	
第一場　菩薩行品《ぼさつぎょうぼん》第十一	尽《じん》と無尽という法の贈り物　第十章
第二場　見阿閦仏品《けんあしゅくぶつぼん》第十二	妙喜《みょうき》世界を手にいれることと阿閦如来の教え　第十一章
第三場　法供養品《ほうくようぼん》第十三	

第四場　嘱累品《ぞくるいぼん》第十四　　　総結と附嘱《ふぞく》　第十二章

このように『維摩経』は、ちょうど三幕十四場（サンスクリット本では、羅什訳の第三、四品、及び第十三、十四品がそれぞれ一章にまとめられていますので、全十二場）のドラマのように構成されています。このうち、主要な教えは第二幕の維摩の病室で説かれています。

❺『維摩経』は中国・日本においてどのように研究され、信仰されたのでしょうか

〈中国で書かれた注釈書〉

すでに述べたように、現存する三種の漢訳のうちで、中国や日本で最も広く読まれ、信仰の対象とされてきたのは鳩摩羅什訳の『維摩詰所問経』です。

鳩摩羅什は四〇一年後秦《こうしん》（中国、五胡十六国の一つ）の国王・姚興《ようこう》の国師として迎えられ、亡くなるまでの八年間に三十五部二九四巻（別説、七十四部三八四巻）の経典の漢訳を行いました。国王の後援のもとに、長安の逍遙寺《しょうようじ》や長安大寺で経・律・論の翻訳事業にしたがいながら、国王を始め多くの人々に広く大乗の教えを説きました。その門下生は三千余人ともいわれます。

『維摩経』については、原典を翻訳したばかりではなく、この経典の講義をも行いました。この講義は、鳩摩羅什が亡くなる数年前にあたりますので、彼の仏教研究や仏道修行の最終的な成果と心境を表すものであったろうと思います。彼の講義の席にはつねに多くの弟子たちが列なっていましたが、そのなかで特に傑

出していた道融《どうゆう》、僧肇《そうじょう》、道生《どうしょう》はそれぞれ別に注釈書を書きました。

これらの弟子の方々の著作そのものは現在伝えられていませんが、羅什の注釈をも併せて僧肇（三八四〜四一四?）の『註維摩詰経』十巻のなかに収められています。この注釈書では、羅什訳の経典本文の一々にたいして、「羅什はいう」、「僧肇はいう」、「道生はいう」、「道融はいう」として、それぞれの説があげられています。なかでも羅什自身の解説には、サンスクリット原本から漢訳するときの翻訳上の注釈も含まれている点が重要です。

それ以後も、南北朝（五〜六世紀）から隋・唐にかけて多くの注釈書が書かれました。なかでも、三論宗を開いた吉蔵《きちぞう》（五四九〜六二三）は『維摩経』を高く評価して『浄名玄論《じょうみょうげんろん》』、『維摩経義疏《ぎしょ》』などを著し、その大きな影響のもとで唐・宋代の禅宗ではこの経典が重く用いられるようになりました。たとえば「宗門第一の書」といわれる『碧巌録《へきがんろく》』では、『維摩経』「入不二法門品第九」の「不二とはなにか」というテーマが、第八十四則「維摩の不二法門」という公案《こうあん》（禅宗で参禅する者に示して坐禅工夫させるための課題）とされています。宋代の中国禅の伝統を受け継ぐ日本の禅宗でも、『維摩経』はブッダの心を説く経典として尊重されています。

〈日本で書かれた注釈書〉

日本で作られた『維摩経』の注釈書としては、まず聖徳太子作の『維摩経義疏』五巻があげられます。この書は鳩摩羅什訳『維摩経』十四品を経典の本文に従って忠実に注釈したもので、当然のことながら僧肇の『註維摩経』を参照しており、僧肇や道生などの解釈と見解が違う場合には「須《もち》いず（この説はとらない）」として、独自の見解を述べています。

聖徳太子は高麗《こうらい》の僧・慧慈《えじ》や百済《くだら》の僧・慧聡《えそう》などの来日僧から仏教を学び、六〇六年七月には推古天皇に『勝鬘経』を三日間かけて講義し、同年法隆寺の近くにあった岡本宮《おかもとのみや》で『法華経』を講義した、と史書には記されています（『日本書記』巻第二十二）。『維摩経』について講義したという記録はないのですが、前記の二経の講義が『勝鬘経義疏』と『法華経義疏』に関係しているとすれば、太子による『維摩経』の講義もどこかで行われていたかも知れません。

平安時代に成立したとされる『上宮聖徳太子伝補闕記《じょうぐうしょうとくたいしでんほけつき》』という伝記には、はじめに『勝鬘経義疏』が六〇九年から三年かかって作られ、続いて『維摩経義疏』が二年間で、最後に『法華経義疏』が二年間で完成されたと記されていますが、確証はないようです。

近年、「三経義疏」の著者を聖徳太子とすることを疑う主張があり、それらのなかには説得力をもつ説もありますが、ここでは従来の見方に従っておきたいと思います。少なくとも『維摩経義疏』は日本最古の注釈書として、その後の日本仏教に大きな影響を与えたことは疑いのない事実だからです。そのほか、鎌倉時代後期の華厳宗の凝然《ぎょうねん》作の『維摩経菴羅記《あんらき》』は、「問疾品第五」までを詳細に注釈したものとして知られています。

〈維摩会のおこり〉

我が国では、『維摩経』の信仰にもとづく法会に、「維摩会《ゆいまえ》」があります。この法会の興りについては、つぎのように伝えられています。

斉明天皇の時代、藤原鎌足《ふじわらのかまたり》（六一四〜六六九。大化の改新において功を立て、天智天皇の内大臣となった。藤原氏の祖）が重病にかかったとき、百済《くだら》から渡来した尼僧が招かれ、『維摩経』の「問疾品」を読誦《どくじゅ》して病気の平癒を祈ったところ、たちまち鎌足の病気は全快しました。これ以来、鎌足は熱心に『維摩経』を信仰するようになり、鎌足の夫人・鏡大王《かがみのおおきみ》が夫の病気平癒を願って建立《こんりゅう》した山階寺《やましなでら》で、はじめて『維摩経』を読誦してその功徳を賛嘆する法会が行われた、といわれます。

この経典では、確かに病床にある維摩を見舞う場面があって、重要な教えを表しているのですが、維摩会では、『維摩経』は病気の平癒を祈るために読誦されるのですから、「空」、「無功徳」を主張する経典本来の教えとは少々違った方向で信仰されていることになります。維摩居士がこれを知ったら、「私がいいたかったのは、そういうことではないのだが」といって、苦笑するかも知れないと思います。

さらに、七一〇年（和銅三年）平城遷都に際して、この寺は鎌足の子の不比等《ふひと》によって平城京に移されて興福寺と名付けられ、維摩会もこの寺で行われるようになりました。後に鎌足の忌日の十月十六日に合わせて十月十日から七日間という期日も定められ、八〇一年（延暦二〇年）には勅令によって、維摩会は永く興福寺で行われることが定められました。宮中の大極殿《だいごくでん》の御斎会《ごさいえ》（正月八日から十四日まで、『金光明最勝王経《こんこうみょうさいしょうおうきょう》』を読誦して国家安泰を祈願する法会）、薬師寺の最勝会《さいしょうえ》（同じ趣旨）とともに、南都三大会《なんとさんだいえ》と呼ばれました。

〈維摩会余談〉

平安時代には、南都三大会のうちでも特に維摩会が権威ある法会とされ、この法会の講師をつとめ、さらに御斎会と最勝会の講師をつとめた学僧は、僧として高い位につくことが定められていました。維摩会の講師をつとめることは、高い位につくための、いわば登竜門とされていたのです。少々横道に逸《そ》れるかも知れませんが、我が子に維摩会の講師をつとめさせようとしたのですが、ついにかなわず、嘆き恨めしく思う心情を吐露した和歌があります。

「小倉百人一首」七五

契《ちぎ》りおきし　させもが露を　命にて　あはれ今年の　秋もいぬめり　藤原基俊《ふじわらのもととし》

（お約束して下さいました「ただ私を頼みにせよ、させも草だ」という恵みの露のようなお言葉を命にして生きて参りましたが、ああ、今年の秋も空しく過ぎ去るようでございます。神作光一博士訳）

作者・藤原基俊《ふじわらのもととし》は藤原一門の出身なのですが、官位に恵まれず、せめて出家した我が子光覚《こうかく》を高位の僧にしたいと望んでいました。そこで、当時の藤原一門の頭領であった前太政大臣の藤原忠通《ただみち》に、光覚を維摩会の講師に推薦してくれと、何度も依頼していました。そのたびごとに、忠通は「私にまかせておきなさい」といってくれ、それを頼みに生きてきたけれど、今年も約束は果たされないまま、秋も過ぎ去ってしまうようだ、と嘆いているのです。

我が子にたいする期待が裏切られて落胆する親の心は、今も昔も変わらないことはよくわかりますが、もし維摩がこのことを知ったら何というでしょうか。彼は「『維摩経』のなかで、地位や名誉、利害得失を離れよと、あれほどいっておいたではないか」と、厳しく批判するに違いありません。

これは平安時代、『維摩経』が貴族階級の信仰と深く結びついていたことを示す話ですが、鎌倉時代以降、この経典の空《くう》にもとづく生き方を真剣に受け止めようとする人々が現れ、特に禅宗では仏道修行のよりどころとされてきたという事実を、忘れてはならないと思います。

第②部……新訳『維摩経』の世界

第一章　理想の社会をつくるために……仏国品第一

〈ヴァイシャーリーのアームラパーリー園林で〉

このように、私は聞いています。[1]

あるとき、ブッダは北インド・ヴァイシャーリー市郊外にある、アームラパーリーのマンゴー樹園に、[2]大勢の修行僧八千人と一緒に滞在しておられました。

これらの修行僧たちは、みな悪しき心のはたらきを離れ、なすべきことをなし終え、正しい智慧を体得して心は自由となり、最上の目的を達成した聖者（阿羅漢《あらかん》）ばかりでした。そこにはまた、三万二千人の菩薩の方々も、ともにおられました。いずれの菩薩も、大いなる智慧を持つ者として知られ、偉大な智慧を体得するための行いをすべて完成し、ブッダの威徳によって守られている方々です。

1　まず、『維摩経』という経典が、いつ（時）、どこで（場所）、誰に対して（人）説かれたか、ということが明らかにされます。

2　アームラパーリー（パーリ語でアンバパーリー、菴婆羅女などと音訳）は、ブッダの時代のヴァイシャーリーに住んでいたヴァイシュヤ階級出身の遊女で、ブッダに帰依して自分の所有していた林園を教団に布施し、後に出家して尼僧となりました。この林園はブッダのお気に入りの場所の一つで、最後の旅でもここで雨季を過ごしています。

これらの菩薩の方々は、[3]真理の城を守るために正しいブッダの教えを受け守り、百獣の王ライオンが吼《ほ》えるように、畏《おそ》れることなく教えを説き、その名は十方に知れわたっています。だれにいわれなくても、すべての人々の善い友達となってその心を安らかにし、ブッダの教えを盛んにしようと務めています。

つねに深い禅定《ぜんじょう》に入っていますが、人々を苦しみや迷いから立ち直らせるために巧みな方便を使い、あらゆる人々の煩悩の病を癒すために大いなる医王となり、人々の病に応じて薬を処方して服用させ、病から救います。

その名は等観《とうかん》、不等観《ふとうかん》、等不等観《とうふとうかん》、定自在王《じょうじざいおう》、法自在王《ほうじざいおう》、法相、光相などといい、観世音菩薩、弥勒菩薩、文殊師利法王子などを含めて三万二千人です。[4]

また、シキン梵王《ぼんのう》をはじめとする一万のブラフマン神、一万二千のインドラ神（帝釈天《たいしゃくてん》）、諸天の威力ある神々、竜神《りゅうじん》、夜《や》叉《しゃ》、ガンダルヴァ、アスラ、ガルダ、キンナラ、マホーラガ、[5]修

3　菩薩とは、ボーディサットヴァの俗語形ボーディサッタを菩提薩埵と音写し、それを略した語です。「悟りを求める人」、「悟りを具えた人」の意味で、とくに大乗仏教では自分一人の悟りを求めるのではなく、他人を救済して悟りに向かわせる人をいいます。この経典では、世のため人のために実践（利他行）し、悟りの真理によって現実社会の浄化に努めることが菩薩の努めとされます。

4　この説法の会には三万二千人の菩薩がいるとされますが、菩薩名をあげているのは五十数名で、名を知られているのは宝積・虚空蔵・観世音・弥勒・文殊師利だけです。他は大乗の教えを菩薩名にしたものばかりです。

5　仏弟子たちや菩薩衆、町の

行僧、女性の修行僧、在家の男女など、そのほかヴァイシャーリーの市民たちも、このアームラパーリーのマンゴー園の集会に集まっていました。

〈五百本の傘が一本になる……共生社会の原理を示すできごと〉

そのとき、ヴァイシャーリー市に、リッチャヴィ族[6]の青年でラトナーカラ（宝蔵《ほうぞう》）という名の菩薩がいました。ラトナーカラは、それぞれが七種の宝石で飾られた一本の傘を持った、五百人のリッチャヴィ族の青年たちとともに、ヴァイシャーリー郊外にあるアームラパーリー園にやってきました。ブッダのおられる所に着くと、うやうやしくブッダを礼拝してから、それぞれが手にした傘をブッダに捧げました。

すると、ブッダの偉大な力によって、それらの傘はブッダの手の中でたちまち一本の巨大な傘となり、全世界を覆《おお》い尽くしてしまいました。[7] 世界の中心にあるスメール山も四つの大陸も、山や

人々だけではなく、天竜八部衆といわれる古代インドの神々、精霊的存在など、考え得るすべての者を登場させているのです。

6　ブッダの時代、ガンガー河の北方にヴァッジという国があり、ヴィデーハ族とリッチャヴィ族とヴァッジ族などが有力で、そのうちヴァイシャーリーを首都としたのがリッチャヴィ族です。ここは当時の商業資本の根拠地として富み栄え、五百人の青年たちも豊かな家の出身とされています。

河も、宮殿や人間も、世界中のありとあらゆるものがその中に見え、また、全世界の諸仏の教えを説く声も、そのなかから聞こえてきました。

〈ラトナーカラ、ブッダの徳を讃える〉

リッチャヴィ族の青年ラトナーカラは、ブッダの偉大な力を目のあたりにし、その意味を悟ってブッダをほめ讃えました。

ブッダの御目《みめ》は、青蓮華《しょう》の葉のように清く広く長い。
御心《みこころ》広く清らかで、何ものにも乱されず、鎮まっておられる。
善業を積み終り、はかり知れない福徳をそなえた、
修行者を悟りの道にお導きになるお方に、私は帰依する。
ブッダは力ある悪魔に打ち勝ち、甘露《かんろ》のやすらぎを得て、
悟りを完成された。そこには、苦楽などの感受もなく、心のはたらきもなく、
それは外教《げきょう》を奉ずる者たちの思考を超えている。

7　五百人が手にしていたときは別々であった傘が、一度ブッダの手に渡ると一つの巨大な宝の傘となったということは、五百人の青年たちの願い（心）がブッダにおいて一つになったということです。この社会（仏国土）を浄化するためには、一人一人の意欲と決意が一つにまとまることが必要なのです。

尊師の法の宝によって教え導かれた人々は、あれこれ思い悩むことがなくなり、
永遠の安らぎを得た。人々の生・老・病・死の苦悩を治す最上の名医、
海のように限りない福徳をお持ちのお方に、深く敬礼いたします。
賞賛され尊敬されても、尊師さまの心はスメール山のように不動、
戒を守る者も戒を破る者をも、等しく慈しみ、
心は平等性《びょうどうしょう》にもとづいて大空のように広大、
この、生きとし生けるものの宝であるブッダを、尊敬しない者がどこにいるか。
偉大なる聖者さま、ここに集う人々が、浄らかな心を持ってブッダの尊顔を仰ぎ見るとき、一人一人が、ブッダがみずからの目の前におわしますと思う。[8]

これはブッダだけが持つ徳性。
ブッダがお説きになった、ただ一つの言葉によって、
ある人々は畏れをいだき、或る人々は歓喜し、
ある人々はこの世を厭《いと》い、別の人々は疑いの心がなくなる。[9]
これもブッダだけが持つ徳性。
私は尊師さまに帰依いたします。
十の智力を持つお方、勇猛に精進されるお方に。
私は帰依いたします。畏れを離れ、特有の徳性に達せられたお方に。
私は帰依いたします。世間のあらゆる人々をお導きになるお方に。

〈浄らかな仏国土をつくるにはどうしたらよいか〉
リッチャヴィ族の青年ラトナーカラは、このようにブッダを讃えてから、

8　仏教では、信仰とは心が浄らかになることである、といわれます。ですから、浄らかな心を持ってブッダを見るとは、信仰の心を持ってブッダに向かうことです。すると、大勢の人々がいるのに、そのうちの一人一人が、自分の前にブッダがおられるのを見ることができる、というのです。「私自身のためのブッダ」という自覚を持つことは、宗教的に極めて重要なことです。

9　ブッダはただ一つの音声で教えを説かれたのに、一人一人が「ブッダは私のために教えをお説きになっている」と思うということも、「私自身のためのブッダ」という自覚を持つことです。ブッダの口から出た一つの言葉が、人生を真剣に生きようとする者には力強い励ましと

「尊師さま、ここにいるリッチャヴィ族の青年たちは、みな、この上なく完全な智慧を体得しようと決意しております。何とぞ、これらのものに、仏国土を浄めるにはどうしたらよいかをお説き下さい」

とお願いしました。[10]

これにたいして、ブッダは

「よろしい。あなた方はよい質問をしてくれました。耳をそばだててよく聞き、しっかりと心にとどめなさい。どうしたら仏国土を浄めることができるかについて、あなた方に説きましょう」

といわれ、つぎのようにお説きになりました。

〈菩薩の仏国土とは〉

「若者たちよ、菩薩の仏国土とは衆生（生きとし生けるもの）の国土のことです。なぜかというと、菩薩はすべての衆生を幸せにするまで、この国土にあって衆生のために活動するからです。[11]

なり、悪事をはたらいたり心にやましいところのある者には厳しい叱責の声となり、また、生きる拠り所を失っている人には堅固な支えとなる。これはブッダだけが持つ偉大な徳性である、というのです。

10　「浄らかな仏国土を作るにはどうしたらよいか」ということは『維摩経』の重要なテーマです。リッチャヴィ族の青年たちは、ヴァイシャーリーの自分たちの社会をブッダの教えによる理想のものにするにはどうしたらよいか、ということを考えて質問しているのでしょう。五百人の青年たちは、それぞれがブッダの言葉を自分に向けられたものとして聞いて悟りを求める心を発すと同時に、リッチャヴィ族の人々が住む現実の社会を浄化しようとしているのです。

すべての人々が戒律を守って生活するようになるにはどうすればよいか、ということに従って菩薩はこの国で活動します。どんな活動をすれば、人々がブッダの智慧を体得し、すぐれた気根を持つものとなるか、ということに従って菩薩はこの国で活動します。

なぜかというと、リッチャヴィ族の若者よ、菩薩の仏国土は衆生を利益《りやく》するためにあるからです。[12]

また、ラトナーカラよ、衆生の悟りを目指す真っ直ぐな意向（直心《じきしん》）が、菩薩の仏国土です。菩薩が悟りを開いてブッダとなったとき、その仏国土には、欺《あざむ》くことなく偽《いつわ》りのない衆生が生まれるからです。

ラトナーカラよ、衆生のつよくすぐれた意欲[13]が、菩薩の仏国土です。菩薩が悟りを開いてブッダとなったとき、その仏国土には、沢山の善根や功徳を積んだ衆生が生まれるからです。

修行という国土が、菩薩の仏国土です。菩薩が悟りを開いてブッダになったとき、その仏国土には、すべての正しい教えや行為に

11　清浄な仏国土というと、極楽のような、この世とは別の世界が想像されるかも知れませんが、ここで菩薩の仏国土というのは私たちが住むこの国、この現実社会のことです。大乗の菩薩はこの現実の社会のなかで衆生、すなわち人間だけではなく動物も含めて、すべての命あるものの幸福のためにはたらく存在とされるのです。大乗仏教では私たち一人一人が菩薩とされるのですから、菩薩としての私たちの努めも悟りを求め、社会の浄化に全力を尽くすことです。

12　菩薩の努めは浄らかな仏国土をこの世に実現することなのですが、その仏国土は人々に利益を与えるために存在するという考え方は『維摩経』の浄仏国土の建設というテーマの基本であり、現代の「国は何のために

従う衆生が生まれるからです。

悟りを求める偉大な心が、菩薩の仏国土です。菩薩が悟りを開いてブッダになったとき、その仏国土には、大乗の教えに従う衆生が生まれるからです。

布施という国土が、菩薩の仏国土です。菩薩が悟りを開いてブッダとなったとき、すべてを布施する衆生が生まれるからです。

戒を守ることという国土が、菩薩の仏国土です。菩薩が悟りを開いてブッダとなったとき、その仏国土には、つよい意欲を持って十の戒めを守る衆生《しゅじょう》が生まれるからです。

〈ブッダの教えはすべて仏国土〉

同じように、耐え忍ぶこと（忍辱《にんにく》）、努め励むこと（精進《しょうじん》）、禅定《ぜんじょう》、深い智慧（般若《はんにゃ》）、四つの広大な心（四無量心《しむりょうしん》）、人々を摂《おさ》める四つの方法（四摂事《ししょうじ》）、人々を救うための巧妙な手段（善《ぜん》巧方便《ぎょうほうべん》）、悟りを得るための三十七の実践法（三十七道品《さんじゅうしちどうほん》）[14]、自

あるのか」、あるいは、「国家と個人」という問題に通ずるものとして重要です。

13　「つよくすぐれた意欲」と訳した語は増上意楽、勝意楽などと漢訳されるものです。この経典では菩薩が人々のために何かをしようとするとき、その菩薩の意欲・意向が最も重要であるとされます。

14　布施・戒を守ること（持戒）・堪え忍ぶこと（忍辱）・努め励むこと（精進）・禅定・深い智慧（般若）は「智慧を完成させるための六つの実践徳目」（六波羅蜜）といわれます。四つの広大な心（四無量心）とは、慈しみの心（慈）・哀れみの心（悲）・他人の幸福を喜ぶ心（喜）・好き嫌いなどのと

分が積んだ功徳の果報を他人に振り向ける心（回向心《えこうしん》）、それが菩薩の仏国土です。

また、自分は戒律をよく守っていながら、他人の過失を誹《そし》らないことが、菩薩の仏国土です。菩薩が悟りを開いてブッダとなったとき、その仏国土では、過失という言葉さえなくなるからです。

心身にわたる十種の善の行い（十善業道《じゅうぜんごうどう》）15によって心を完全に浄めることが、菩薩の仏国土です。菩薩が悟りを開いてブッダになったとき、その仏国土には、長寿を保ち、豊かな財産を持ち、浄らかな行いをし、真理にかなった言葉や優しい言葉をつかい、家族や周囲の人々と争うことなく、他人を妬《ねた》むことも意地悪することもなく、ただ正しい見解に従って生活する人々が生まれるからです。

〈すべては悟りを求めることから始まる〉

このようにして、ラトナーカラよ、菩薩が悟りを求める心を起

らわれのない心（捨）。人々を摂める四つの方法（四摂事）とは、布施（真理を説く法施、物を与える財施）・愛語（優しい言葉をかけること）・利行（身体、言葉、心によって人々に利益を与えること）・同事（相手と同じ立場に身を置くこと）で、四摂法ともいわれます。悟りを得るための三十七の実践法（三十七道品）は、三十七菩提分法、三十七覚支などともいわれ、悟りの智慧を得るための実践方法を三十七（四念処・四正勤・四神足・五根・五力・七覚支・八正道）に整理したものです。

15　十種の善の行い（十善業道）とは、十悪を離れること、すなわち、殺さない（不殺生）・盗まない（不偸盗）・邪な性関係を離れる（不邪婬）・嘘をつかない（不妄語）・荒々しい言

こすことによって、衆生の悟りを目指す真っ直ぐな意欲が生まれます。[16] 真っ直ぐな意欲によって、つよくすぐれた意欲が起こります。

つよくすぐれた意欲によって、悟りを得ようとする決意が生まれます。決意によって、悟りを得るための修行が始まります。修行が始まることによって、修行の結果として得た功徳を他人に振り向けようとする心が起こります。功徳を他人に振り向けようとする心が起こることによって、人々を救うための手段（方便《ほうべん》）が生まれ、手段が生まれることによって、国土は完全に浄らかとなります。

〈浄らかな国の建設は自心を浄めることから〉

また、反対に、国土が完全に浄らかになることによって、衆生も完全に浄らかとなります。衆生が浄らかになることによって、その智慧も浄らかになり、智慧が浄らかになることによって、説

葉をつかわない（不悪口）・二枚舌をつかわない（不両舌）・駄弁を弄しない（不綺語）・貪らない（無貪）・怒らない（無瞋）・正しい見解（正見）をいいます。これらによって、心を浄めて理想の国を作ることが目的とされるのです。

16　菩薩が悟りを求める心を発してから国土を清らかにするまでのプロセスが明らかにされます。このうち、「真っ直ぐな意欲」とは「意楽」と漢訳される語で、「何かをしようとする意志、意向、心に欲すること、願い」を意味しています。鳩摩羅什は、素直で正直な、濁り気のない心の意味で「直心」と訳していますが、ここでは浄仏国土をどうしても建設しようという強い意志を表しています。

法も浄らかになります。説法が浄らかになることによって、智慧のはたらきも浄らかになり、智慧のはたらきが浄らかになることによって、自分自身の心も浄らかになります。[17]

それゆえに、ラトナーカラよ、仏国土を浄らかにしようと望む菩薩は、自分自身の心を浄らかにしなければなりません。なぜかというと、菩薩の心が浄らかであることに従って、仏国土は浄らかになるからです[18]」

〈なぜ、仏国土が不浄にみえるのか〉

そのとき、ブッダの不可思議な力によって、長老のシャーリプトラ（舎利弗）に、つぎのような想いが起こりました。

「もし、心が浄らかであることによって、菩薩の仏国土は浄らかになるのであれば、尊師シャカムニ（釈迦牟尼、ブッダのこと）が菩薩行を行じておられたとき、その心は浄らかではなかったのだろうか。なぜかというと、今、尊師がおられるこの仏国土は、

17　菩薩が自分自身の心を清らかにすることから始めて社会・環境の浄化へと向かうだけではなく、反対に国土の浄化から人間の浄化へという、双方向からの浄化作用があって初めて本当の浄仏国土が実現する、とされるのです。

18　「菩薩の心が浄らかになることによって仏国土は浄らかになる。だから、菩薩、すなわち、私たちは先ず自分自身の心を浄らかにしなければならない」という主張は、「仏国品」の「浄らかな仏国土の建設」という課題の結論です。

私にはどうしても不浄に見えるのだから」[19]

するとブッダは長老シャーリプトラの心を察知されて、つぎのように仰せられました。

「シャーリプトラよ、君はどう思うか。太陽や月が不浄に見えるとしたら、それは太陽や月そのものが不浄なのか、それとも見る人の方に過失があって、太陽や月の浄らかさを見ることができないのか」

「尊師さま、それは見る人の過失であって、太陽や月に過失があるわけではありません」

「シャーリプトラよ、如来の仏国土は沢山の功徳によって飾られていて浄らかであるのに、それが見えないのは、見る人の無知による過失であって、如来に過失があるわけではありません。如来の仏国土は浄らかなのに、君たちにはそれが見えないだけなのです」

そのとき、シキンという名の梵天が「自分たちには、シャカム

19　遠い昔から善業を積んで心がまったく浄らかになったブッダがおられるのに、この現実の社会はどう見ても浄らかだとはいえないではないか、とシャーリプトラはいっているのです。

ニの仏国土がまったく浄らかに見える」といったのにたいして、シャーリプトラはいいました。

「梵天のシキンさん、わたしには、この大地はなんともでこぼこしていて、茨《いばら》や崖《がけ》、岩や泥などでいっぱいであるように見えるのですが」

梵天のシキンはいいました。

「それは、間違いなくシャーリプトラさんの心にでこぼこがあり、ブッダの智慧にたいする意欲が浄らかになっていないので、あなたには仏国土が不浄に見えるのです。シャーリプトラさん、菩薩の方々が衆生と同じ心となり、ブッダの智慧にたいする意欲が浄らかになれば、この仏国土は浄かであると見ることができるのです」[20]

〈ブッダ、浄らかな仏国土を表し出す〉

そのとき、ブッダはこの三千大千世界に足の親指でお触れにな

20　この世は本来清浄であるのにシャーリプトラには不浄に見えるのは、シャーリプトラ自身の心も本来清浄なのにそれに気づいていないからだ、といわれているのです。

りました。すると、たちまちこの世界は、宝で飾られた如来（宝《ほう》荘厳如来《しょうごんにょらい》）の世界が限りない功徳の宝で飾られているように、無量・無数の宝石を積み重ねて飾られた姿となりました。その集まりの中にいた人々は、すべて、自分が宝石の蓮華の上に座っていることに気づきました。

驚くシャーリプトラに、ブッダはお説きになりました。

「シャーリプトラよ、私の仏国土はこのように常に浄らかで欠けるところはないのですが、劣った人々を成熟させるために、如来はこのように仏国土を多くの欠陥があるように見せているのです。

たとえば、シャーリプトラよ、神々は同一の食器で食事をしますが、それぞれが積んだ功徳の違いによって異なる食事（アムリタ）を摂《と》るように、人々は同じ仏国土に生まれても、心を浄らかにしたものだけが、功徳によって仏国土が美しく飾られている様を見ることができるのです」

このようにして、功徳によって美しく飾られた仏国土が現し出されたのを見て、その集会に集まっていた八万四千人の人々が、この上ない完全な悟りを得ようとする心をおこし、リッチャヴィの青年ラトナーカラとともに集まっていた五百人の青年たちには、すべてのものは空《くう》であって生滅《しょうめつ》変化を超えているという道理を知る智慧（無生法忍《むしょうぼうにん》）[21]が生まれたのでした。

21　無生法忍とは、すべての存在は空であり、不生不滅であるという確信、不生不滅の理法に徹底した悟り、あるいは、存在のあり方を覚った心の安らぎをいいます。忍は忍可、認知の意味で、確かにそうだと認めることの意味。この経典では、悟りの境地として無生法忍がよく使われています。

第二章　人間の思考をはるかに超えた巧みな方便……方便品第二

〈維摩とはどんな人か〉

そのとき、大きな商業都市ヴァイシャーリーに、リッチャヴィ族の維摩（ヴィマラキールティ、維摩詰《ゆいまきつ》）という名の人が住んでいました。[1]

維摩は過去世においてブッダを敬い、諸仏を供養してあらゆる善根を植え、不生不滅の真理を体得していて、自由自在にブッダの教えを人々に説き示しています。心は何ものにもとらわれない自由の境地にあって、すぐれた記憶力を持ち、畏れのない境地に達していて悪魔や敵対するものを降伏《ごうぶく》し、深い真理の門に入って般若の智慧を完成しています。

維摩は巧みな方便を持ち、人々の望みや素質、性格をよく知ったうえで、その一人一人にふさわしい教えを説きます。その立ち

1　方便品では、維摩居士の人となり、すでに悟りを開いていながら、どうして一市民としてヴァイシャーリーの町中に住んでいるのか、などが説かれています。とくに、極めて巧みな方法・手段を使ってヴァイシャーリーの市民たちを教化したことが取り上げられています。そこで「方便品」といわれます。

居振る舞いはブッダのようであり、海のように広く深い智慧を持っていて、インドラ、ブラフマンなどの神々によっても敬われています。

〈維摩はどうしてヴァイシャーリーに住んでいるのでしょうか〉

維摩は極めて深い悟りの境地に達しているのですが、巧みな方便によって人々を成熟させるために、最大の商業都市であるヴァイシャーリー市に住んでいたのです。[2]

維摩が財産を持っているのは、貧しく身寄りのない人々を受け入れ導くためであり、自身が戒律を守っているのは戒律を破る人々を救い導くため、忍耐と自制心は戒律を守らずに怒り狂う人々を受け入れ導くため、精進努力しているのは怠惰《たいだ》な人々を受け入れ導くため、禅定・三昧のなかにあるのは心が乱れて定まらない人々を受け入れ導くため、すぐれた智慧を持っているのは低い知恵しか持たない人々を受け入れ導くためです。

2　維摩の「巧みな方便」とは、やり方が巧妙であるというのではなく、ヴァイシャーリーの市民たちを始めとするすべてのもの、一人一人の望み・素質・性格などをよく知って、その場、その人にふさわしい教えを説くことなのです。この経典では「人々を成熟させるために」という言葉がよく使われていますが、人々に自分の人生を振り返らせ、悟りを求める心を起こさせることを意味しています。

維摩は世間の普通の人の身なりをしているけれども、出家修行者の道を歩いていて、ヴァイシャーリーの自宅に住みながらも欲《よく》界《かい》・色界《しきかい》・無色界《むしきかい》の三界《さんがい》を超えています。

〈維摩はどうして市民と同じ生活をしているのでしょうか〉

維摩は妻や子供や召使いの人々と一緒にいる姿を見せていますが、常に戒律を守って修行しています。一族の者たちにとりまかれて生活しているのですが、その心は常に静寂のなかにあります。さまざまなアクセサリーで身を飾っていますが、常にブッダと同じ心身にわたる特別なしるしを具《そな》え、普通の人と同じ食物や飲み物をとる姿を見せていますが、その実、常に禅定を食物としているのです。

維摩は町の賭博場にも姿を現しますが、それは賭け事やゲームなどにうつつを抜かしている人々を成熟させるためであり、自分自身は常に精励精進しています。[3]

あらゆる異教徒の教えを受けても、ブッダに対して破られることのない堅固な帰依の心を抱いています。世間的な事柄を説く典籍も、世間を超えた事柄を説く典籍の教えにも、よく通じているけれども、常にブッダの教えを聞くことを喜び、あらゆる集会に姿を見せるのですが、どこでもヴァイシャーリーで最高の人として市民の尊敬を受けています。

〈町のどこにでも姿を現す維摩〉

世間の習わしに従うために、老年の人とも中年の人とも若者たちとも友達付き合いをしていますが、その語るところはすべて真理にかなっています。あらゆる仕事に励んでいますが、利得や享楽を求めているのではありません。

すべての人々を正しい道に誘うために、街のあらゆる四つ辻や三叉路に姿を現します。[4] また、人々を守るために、政治にもかかわっています。人々に小乗の教えを嫌い離れさせて大乗の教えに

3　維摩の「巧みな方便」は、四摂事のうちの同事摂、すなわち、相手と同じ立場に身を置くことにもとづいています。自分だけが高い立場に立って、相手を引き上げてやるのではなく、相手と同じ立場に立って、相手と交流しながら、次第に相手の心を悟りを求める方向に向けて行くのです。

4　維摩がヴァイシャーリーの町のどこにでも姿を現すのも、同事摂を実践しているからで

誘うために、ブッダの教えが説かれ学ばれるすべての場所に姿を現し、また、子供たちを正しく育成するために、読み書きを教えるあらゆる学校にも出向きます。人々に愛欲の過《あやま》ちをわからせるためには、あらゆる遊里にも出入りし、酔い痴《し》れた人々を正気にさせるためには、町中の酒場にも出入りします。

商人としての徳性を説くためには、商人中の最高の人として尊敬される者となり、人々にあらゆる物にたいする執着を断ち切らせるためには、家長のなかで最も優れた家長として敬われる者となります。

また、忍耐と喜びと力を確立させるためには、クシャトリヤ族中のクシャトリヤとして敬われる者となり、おごり高ぶる心を除かせるためには、バラモン族中のバラモンとして敬われる者となり、すべての国王の政務を法にかなったものにするためには、大臣中の大臣として敬われる者となり、王が享楽や権力に執着することを止めさせるためには王子中の王子として敬われる者とな

す。彼の職業は商人ですのでその寄り合いに出るのは当然ですが、政治にも教育の場にも顔を出し、酒場にも遊里にも出入りするというのです。酒場では酒に酔った人々といっしょに酒を飲みながら人生を語って行くうちに、その酔っぱらいはいつの間にか杯を伏せ、本気で維摩の言葉に耳を傾けるようになってゆくのでしょう。

り、若い女性を成熟させるためには、後宮のなかでもっとも優れた宦官《しんかん》として敬われる者となります。

人々に善行の優れた功徳を理解させるためには、普通の人と同じ生活をし、支配力というものの無常であることを示すためには、シャクラ（インドラ神、帝釈天）のなかで最も力の強いシャクラとして敬われる者となり、優れた智慧を示すためには、ブラフマー神のなかのブラフマー神として敬われる者となり、すべての人々を成熟させるためには、守護神のなかの守護神として敬われる者となります。

このようにして、リッチャヴィ族の人・維摩は無量無数の方便をともなった智慧をそなえて、大都市ヴァイシャーリーに住んでいました。

〈維摩、病身を表して無常を説く〉

この維摩が、巧みな方便によって病気の姿となり、自宅のベッドで身を横たえていました。[5] それを聞いて、大都市ヴァイシャーリーの王、首相、大臣、王子たち、家長、町や村の人々など、何千もの人々が維摩の病気見舞いに出かけました。

これらの病気見舞いに来た人々にたいして、リッチャヴィ族の人・維摩は四つの元素（地・水・火・風）からつくられているこの身体について、つぎのような無常の教えを説きました。

「皆さん、この身体はこのように無常であり、脆《もろ》く、力無く、衰え易く、頼りにならず、苦しみのもとであり、苦悩を持つものであり、このように移り変わって止まらないことを本質としています。皆さん、このようにこの身体は多くの病気の容れものであり、智慧ある人はこれを頼りにしてはなりません。

皆さん、この身体は飛び散る泡の粒のように長く止まっていないものであり、陽炎、芭蕉の茎、夢、幻、鏡のなかに映った映像などのように、実《じつ》のあるものではないのです。ああ、この身体は骨と筋でできていて、機械のようなものにすぎない。

5　いよいよ維摩が舞台に登場します。しかも、ヴァイシャーリーの町中の自宅のベッドの上に、病気で寝ているのです。もちろん、これは維摩の「巧みな方便」によるのですが、主人公がこのようなショッキングな登場の仕方をするのは『維摩経』だけです。それはこの経典の重要なテーマの一つとして「病気」の問題があるからです。「菩薩はなぜ病むのか」とか、「病中の菩薩の心得」とか、大切な問題を説く前ぶれです。

皆さん、この身体が一瞬のうちに壊れ、片時も止まっていないことは、瞬時にひらめいては消える雷光《いなびかり》と同じです。この身体は四つの要素の容れものであって、永遠に変わらない本質があるわけではありません。この身はわれ（我）でもなく、我がもの（我所）でもなく、空という外はありません。[6]

この身体は四百四の病気に迫られて常に苦しめられ、悩まされています。荒野をさまよう旅人が象に追われて逃げ込んだ古井戸のなかで、毒蛇やネズミなどに迫られるように、この身体は常に老いに支配されています。[7] ああ、この身体はいつまでもあるものではなく、ついには死で終わるのです。あなた方は、このような身体を厭い、それに執着する心を離れて、如来の身体（仏身）を願い求める心を起こさなければなりません」

〈如来の身体は不滅の法身です〉

「皆さん、如来の身体は法身《ほっしん》（永遠不変の真理性）であり、布

6　自宅の病室に見舞いに来た人々にたいして、この身が無常であることを様々な比喩をあげて説き示しますが、ただこの身が無常であってはかないものといっているのではなく、この身は「我」でもなく我がもの（我所）でもなく、空である、ということをいいたいのです。

7　『仏説譬喩経』の次のような譬喩があります。荒野で象に追われた一人の旅人が目の前に古井戸を見つけ、一本の木の根を伝わって底に降りようとして下を見ると、四隅に毒蛇が、真下には一匹の大蛇がとぐろを巻いていています。上を見ると、黒と白のネズミが彼の掴まえている木の根を囓っています。さらに

施から生まれ、戒律を守ること（持戒）から生まれ、三昧から生まれ、般若の智慧から生まれ、解脱《げだつ》から生まれ、解脱智から生まれるものです。[8]

如来の法身は、慈しみの心（慈《じ》）・哀れみの心（悲《ひ》）・人々の喜びを自分の喜びとする心（喜《き》）・苦楽に偏《かたよ》らない平等な心（捨《しゃ》）から生まれ、布施・戒律を守ること・身を制することから生まれます。忍耐（忍辱《にんにく》）・温和、堅固な精進による善根、禅定・解脱・三昧・心の集中（定）から生まれ、聞くこと・智慧・方便から生まれ、心を静止させて特定の対象に向けること（止）・それによって正しい智慧を起こして対象を観察することから生まれます。

ブッダに特有の十の智慧の力から生まれ、教えを説くための畏れを感じない四種の智慧（四無畏《しむい》）から生まれ、ブッダだけに特有の十八の特性（十八不共法《ふぐうほう》）から生まれ、すべての智慧の完成行（パーラミター）から生まれ、悟りを開いた人が持つ自在な能力から生まれ、真理・真実から生まれ、怠けずに修行することか

野火が迫ってきます。絶体絶命の状態になった旅人が、余りの恐ろしさで放心して口を開けたまま井戸の上の空を見上げると、その口のなかに井戸の傍の樹にあった蜜蜂の巣から一滴の蜂蜜が落ちてきました。すると、旅人は象や毒蛇などの恐怖をすっかり忘れて、次の滴が落ちてくるのを待っていました。無常に迫られているのに、目の前の快楽におぼれる人間をよく描いています。

8　我が身の無常であることと対比して、ブッダの身体は法身（ダルマカーヤ）であることが説かれます。大乗仏教の仏身論では法身・報身・応身の三身説がよく知られています。しかし、ここで説かれる法身は、「永遠不変の真理性」と訳しましたが、いわゆる三身説の一つとい

ら生まれるものです。

皆さん、これを要するに、この如来の身体は、量《はか》ることのできないほどの善を行うことから生まれるものなのです。あなた方は、このような如来の身体を願い求めなければなりません。そして、すべての人々のあらゆる煩悩の病気を除くためには、この上ない正しい悟りを求める心を起こさなければなりません」と。

このように、維摩が病気見舞いに来た人々に如来の法身について説いたときに、無数の人々が、この上ない正しい悟りを求める心を起こしたのでした。

うよりも般若の智慧、解脱智、方便、様々な善行や徳性の集まり、あるいは、それらから生まれた身体という意味で、はたらきを持ったブッダの本質を表しています。

第三章　仏弟子たちの病気見舞い……弟子品第三

――①智慧第一のシャーリプトラ（舎利弗）…本当の坐禅とは――

〈ブッダ、十大弟子に維摩の病気見舞いをお命じになる〉

そのとき、リッチャヴィ族の人・維摩はこのように思いました。

「私が病気で苦しみ、床に臥《ふ》しているのに、阿羅漢《あらかん》であり完全な悟りに到達されたブッダは、私のことなど気にかけず、私を哀れんで誰かを病気見舞いに差し向けようとなさらないのだろうか」と。[1]

そこでブッダは、維摩のこのような思いを察知されて、まず、長老のシャーリプトラ（舎利弗《しゃりほつ》）につぎにようにいわれました。

「シャーリプトラよ、君はリッチャヴィ族の人・維摩の病気見舞いに行きなさい」と。

このようにいわれたとき、長老のシャーリプトラはブッダにつ

1　弟子品では、ブッダから病床にある維摩居士の見舞いに行くよう命じられた十大弟子の一人一人が、かつて維摩から完膚なきまでにやりこめられたことを語り、病気見舞いに行くことを辞退する次第が述べられています。十大弟子のそれぞれが「智慧第一」とか「天眼第一」などといわれる優等生なのですが、維摩は仏弟子たちの優等生的な態度そのものに大乗の立場からの厳しい批判を加えて行きます。この章は、大乗を代表する維摩と、一般に小乗と呼ばれる仏弟子たちの考え方の違いを、明確にあらわそうとしているのです。

ぎにように申しあげました。

「尊師さま、私には維摩の病気見舞いに行くことはとうていできません。なぜかというと、尊師さま、私はつぎの出来事を思い出すからでございます。[2]

〈本当の坐禅とはどのようなものでしょうか〉

あるとき、私は或る木の根本で坐禅をしていました。すると維摩がやってきて、私にこういいました。

『長老シャーリプトラさん、あなたが今やっているようなやり方で坐禅をしてはなりません。本当の坐禅とは、全世界（三界）のどこにも身も心も現さないように行うべきものです。心のはたらきがすべて滅し尽くした禅定（滅尽定《めつじんじょう》）から起《た》たないままで、しかも日常生活のすべてにおいて立派な動作・振る舞いを示すのが本当の坐禅です。

悟りの境地を離れないままで、しかも凡夫と同じ生活をするの

2　シャーリプトラ（舎利弗、舎利子）はマハーマウドガリヤーヤナ（大目連）とともに二大弟子と呼ばれ、最初期の仏教教団の中心人物です。彼の厳しい坐禅修行と高い宗教的な境地から智慧第一と称された人ですが、『維摩経』ではいわゆる小乗の代表者のように扱われ、事あるごとに登場させては維摩の批判を受ける役割を演じさせられています。

が本当の坐禅です。あなたの心を内面にもとどめず、外界のことがらにも動かされないようにするのが本当の坐禅です。あらゆる間違った見解から離れないままで、しかも三十七の覚りへの道を実践するのが本当の坐禅です。輪廻《りんね》につながる諸煩悩を捨てないままで、しかも涅槃に入るのが本当の坐禅です。[3]

長老のシャーリプトラさん、このように坐禅する者を、尊師ブッダは真実の坐禅をする者として認めておられるのです』と。

尊師さま、このような維摩の言葉を聞いて、私には返す言葉がなく、黙ってしまいました。このようなわけで、尊師さま、私にはかのお方の病気見舞いに行くとはできないのでございます」

――②神通第一のマハーマウドガリヤーヤナ（大目連）…本当の説法とは――

〈マハーマウドガリヤーヤナも病気見舞いを辞退する〉

つぎに、ブッダは長老マハーマウドガリヤーヤナ（大目連《だいもくれん》）にいわれました。[4]

3　シャーリプトラは人里離れた静かな林の中で、心身を静寂にして坐禅していたのですが、そのような坐禅の仕方そのものに維摩は批判を加えます。維摩の批判は、世俗の生活と出家修行の道、汚れと清らかさ、煩悩と悟りを対立するものと考え、俗世間を離れて一人静かな場所で坐禅することに向けられています。大乗仏教の立場からすれば、日常生活の場と坐禅は別のものではなく、日常の生活のすべてが坐禅でなければならない、というのです。「煩悩を捨てないままで、しかも涅槃に入る」というのは、『維摩経』のすべての主張の基本です。

4　マハーマウドガリヤーヤナ（大目連、大目犍連）はシャーリプトラとともにブッダの二大

「マハーマウドガリヤーヤナよ、君はリッチャヴィ族の人・維摩の病気見舞いに行きなさい」と。

このようにいわれたとき、長老マハーマウドガリヤーヤナもまた、ブッダにつぎのように申しあげて、病気見舞いに行くことを辞退しました。

「尊師さま、私には維摩の病気見舞いに行くことはとうていできません。なぜかというと、尊師さま、私はつぎのような出来事を思い出すからでございます。

あるとき、私は大都市ヴァイシャーリーの街角で、在家の人々にブッダの教えを説いていました。そこに維摩はやって来て、私にいいました。

『長老マハーマウドガリヤーヤナさん、あなたが今お説きになっているような仕方で、ブッダの教えを説いてはなりません。ブッダの教え（法、真理）はブッダの教えのままに説かなければなりません。マハーマウドガリヤーヤナさん、教え（法）には衆生（生

弟子といわれ、神通第一と称された人。最初期の仏教教団の中心となった人で、ブッダの信頼も厚く、ブッダは自分に代わって二人に教えを説かせたりしたこともありました。そのように彼はブッダに代わって説法するほどの人物だったのですが、維摩の批判はその説法そのものに向けられるのです。

きとし生けるもの）という考えはなく、衆生の汚れを離れたものです。無我であり、欲望の汚れを離れ、生まれたり死んだりすることを離れ、前後の際限がなく、寂静《じゃくじょう》であり、文字を離れ、どのような言葉でも説明することもいい表すこともできません。

虚空《こくう》のようにあらゆるところに遍満し、色も形もなく、あらゆる心のはたらきを離れ、対立するものがないから比べるものもありません。法は空性《くうしょう》のなかにあり、差別の形がないこと（無《む》相《そう》）によって表され、願い求めるべきものがないこと（無願《むがん》）をしるしとしています。あれこれ推論したり、否定したりすることなく、眼・耳・鼻・舌・身体、心のはたらきの及ぶ領域を越え、あらゆるはたらきを離れたものです。

〈法をどのように説いたらよいのでしょうか〉

長老マウドガリヤーヤナさん、このような法をどのように説いたらよいでしょうか。法（ブッダの教え、真理）を説くということは、仮に世間の言葉に従って説いているにすぎません。それを聞いている人々も、同じように世間の言葉として聞いているのです。[5] 長老マハーマウドガリヤーヤナさん、世間の言葉を超えているもの（法・真理）は、言葉によって説くことも聞くことも知ることもできません。それは、あたかも魔法使いが魔法によって作り出した人々に対して、法を説いているようなものなのです。

　このように心を定めて、あなたは法を説くべきです。あなたは人々の能力や素質をよく知り、鋭敏な智慧の眼でよく見、慈しみの心や哀れみの心をおもてに表し、大乗の教えを賞賛してブッダの恩恵に報い、心を浄らかにし、法の言葉の解釈の仕方をよく知って、三宝の家系（仏教）を絶やさないように、法を説かなければなりません』と。

　尊師さま、維摩がこのように教えを説くと、在家の八百人の家長たちがこの上なく正しい覚《さと》り（無上正等覚《むじょうしょうとうがく》）を求める心を起こしました。そこで、私はこれ以上なにもいうことができません

5　マハーマウドガリヤーヤナはヴァイシャーリーの街角で、在家の人々にブッダの教えを、自分が教えられたマニュアル通りに説いていたのでしょう。それを聞いた維摩は、ブッダの真理は言葉や形を離れたものであり、説法といっても、仮に世間の言葉で説いているだけであって、どこでも誰にでもそのまま意味を持つわけではない、その場その人にふさわしい教えを在家の人々に説かなければならない、と批判しているのです。伝統的・保守的な人々にとっては型にはまった教理や学説が真理とされるのですが、一人一人の市民の心を揺り動かす生きた教えこそ真理なのです。

でした。このようなわけで、尊師さま、私にはかのお方の病気見舞いに行くことはとうていできないのでございます」

―③頭陀《ずだ》第一のマハーカーシュヤパ（大迦葉）…本当の乞食《こつじき》とは―

そこで、ブッダは長老マハーカーシュヤパ（大迦葉《だいかしょう》）にいわれました。[6]

「マハーカーシュヤパよ、君はリッチャヴィ族の人・維摩の病気見舞いに行きなさい」と。

このようにいわれたとき、マハーカーシュヤパもまた、ブッダにつぎのように申しあげて、病気見舞いに行くことを辞退しました。

「尊師さま、私には維摩の病気見舞いに行くことはとうていできません。なぜかというと、私はつぎのような出来事を思い出すからでございます。

6　マハーカーシュヤパ（大迦葉、摩訶迦葉）は、ブッダの入滅直後に王舎城で行われたという第一結集で、その主催者となったといわれる人です。彼は出家して仏弟子になったとき、自分の新しい衣をブッダの着古した衣と交換して以来、一生の間身につけ、粗衣をまとい、常に乞食して日常生活を節したので「頭陀第一」と称されました。頭陀行とは衣・食・住についての貪りを除く修行をいい、その第一人者といわれたのです。そのようなマハーカーシュヤパが乞食の仕方について、維摩から批判されたのです。

〈どのように乞食すればよいのでしょうか〉

あるとき、私はヴァイシャーリーの或る貧しい人の家で乞食していました。

そこに、維摩がやって来て、私にいいました。

『長老のマハーカーシュヤパさん、あなたが金持ちの家を避けて貧乏な人々の家だけに乞食に行くのは、あなたの慈しみの心（慈）や哀れみの心（悲）が偏《かたよ》っているからではありませんか。そうではなくて、長老のカーシュヤパさん、あなたは、法は平等であるということをしっかりと踏まえて、いつも人々に対して平等であることを考慮しながら、乞食しなければなりません。あなたは、村は空《から》っぽ（空《くう》）であるという思いをもって、村に入らなければなりません。あなたは、町の男も女をも成熟させるために町に入らなければならず、一つ一つの家がブッダの血筋を引く家と思って乞食しなければならないのです。[7]

7　出家者は毎日早朝、在家の信者の家に行って食事を乞うのですが、その際豊かな家、貧しい家の区別なく平等に食事を乞うのが戒律の定めです。彼はそのことを意識しすぎて、ことさらに貧しい人の家の前に立つことになったのでしょう。それは彼の慈悲の心が偏っているからで、ブッダの真理はすべての人々に平等でなければならないというのです。一軒一軒の家がブッダの血筋を引く家と思うということも、平等に接しなければならないということの重要な根拠です。

〈布施された食べ物をどのように食べたらよいのでしょうか〉

長老のマハーカーシュヤパさん、あなたは食べ物を受けないことによって、食べ物を受けるべきなのです。[8] 山彦《やまびこ》であるかのように音を聞き、風であるかのように香りを嗅ぎ、知り分けることなくして味を味わい、もろもろの存在はマジックで仮に現わされている人のようなものである、と知らなければなりません。

長老のマハーカーシュヤパさん、もしあなたが邪見などの八つの過ちを犯しながら、しかもすべての煩悩の束縛から解き放たれる八つの禅定に入るならば、また、あなたが一握りの食べ物を以てすべての人々に施し、一切のブッダと聖者の方々に奉ってから、その後で自分が食べるのであれば、また、心の汚れ（煩悩）を持っているのでもなく、心の汚れを離れてもいないままで食べるのであれば、心が統一され静止した状態（禅定）に入っているのでもなく、統一された状態から離れているのでもないあり方で

8　大乗仏教では「無施の施」とか「無手でわたす」などといわれることがあります。「布施してやる」「くれてやる」というとらわれの思いがない、真実の慈悲心からの布施行が行われたとき、このようにいわれるのです。自分は出家者だから在家者から食事を受けるのは当然だ、という思いを持つことなく、心から感謝して頂くのが真の出家者です。明治期の落語家・三遊亭円朝は師と仰ぐ山岡鉄舟居士から「口で落語を語るな」と戒められた、といわれますが、同じ意味です。因みに谷中の全生庵にある円朝のお墓には「無舌居士」と記されています。

食べるのであれば、[9]輪廻《りんね》のなかにあるのでもなく、涅槃《ねはん》に入っているのでもないあり方で食べるのであれば、また、あなたに誰かが食べ物を施したとしても、その人々に大きな果報とか小さな果報とかの優劣の相違が生まれることなく、ただブッダの道に従うことだけがあって声聞《しょうもん》の道を歩くことはない、と知って食べるのであれば、長老のマハーカーシュヤパさん、そのときはじめて、あなたはその土地の人々が供養してくれた食べ物を有意義に食べることになるのです』

尊師さま、私は維摩の説法を聞いて、すばらしいと思い、感極まってすべての菩薩を伏し拝みました。在家の家長でありながらも、維摩居士は在家の菩薩としてこのような弁舌を具えておられ、これを聞けばこの上なく正しい覚りを求める心を起こさない人は誰もいない、と思いました。そして、この瞬間から、大乗の教えにはない声聞乗《しょうもんじょう》や縁覚乗《えんがくじょう》に人々を導き入れることは決してしませんでした。

9　「輪廻のなかにあるのでもなく、涅槃に入っているのでもないありかた」とは、悟りを開いていながらも俗世間にあって活動すること、或いは、俗世間にありながらも悟りの境地にあることという意味です。大乗の菩薩のありかたを端的に示したもので、このようないい方は、この経典のなかでは数え切れないほど多く使われています。

このようなわけで、尊師さま、私にはかの高貴な人・維摩居士の病気見舞いに行くことはとうていできないのでございます」

―④解空《げくう》第一のスブーティ（須菩提）…食の平等から法の平等へ―

そこで、ブッダは長老のスブーティ（須菩提《しゅぼだい》）にいわれました。[10]

「スブーティよ、君はリッチャヴィの人・維摩の病気見舞いに行きなさい」と。

このようにいわれたとき、長老のスブーティもまた、ブッダにつぎのような過去の出来事を申しあげ、維摩の病気見舞いに行くことを辞退しました。

〈食物の平等からすべてのもの平等を知る〉

「あるとき、私はヴァイシャーリーの町に托鉢《たくはつ》に出かけ、維摩居士の家に食を乞いに行ったことがありました。そのとき、維摩は私の持っていた食器（鉢）を取り上げ、上質の食物をいっぱい

10　スブーティ（須菩提）は、コーサラ国の都シュラーヴァスティー（舎衛城）の富豪の家に生まれました。出家して仏弟子となり、何ものにもとらわれない境地に到達し、空を体得した点において仏弟子中で彼に勝るものはないということから、「解空第一」と称されました。彼はまた、在家の人々の供養を素直に真心を持って受けたので「被供養第一」と呼ばれ、決して他人といい争いをしないことから「無諍第一」と称されました。その被供養第一のスブーティがヴァイシャーリーの維摩の家に托鉢に行き、被供養の心が真実であるかどうかを問われたのです。

に盛って私にこういいました。

『長老のスブーティさん、もしあなたが食物の平等であることによって一切の存在の平等であることを知り、一切の存在の平等であることによってブッダの特性(仏法)を知り悟るのであれば、どうぞこの施食《せじき》をお受け下さい。[11] 長老のスブーティさん、もしあなたが貪りの心や怒りや愚かしさを捨てないままで、しかもそれらによって突き動かされることがないならば、また、もしあなたが無知（無明《むみょう》）と存在への愛着を断ち切らないままで、しかも智慧と解脱を得ているならば、もしあなたが解脱しているのでもなく、煩悩に束縛されているのでもないならば、もしあなたが四つの聖なる真理（四諦《したい》）を知っているのでもなく、知らないのでもないならば、もしあなたが覚りを開いた人（聖者《しょうじゃ》）でもなく、覚りを開いていない人（凡夫《ぼんぶ》）でもないならば、また、もしあなたがあらゆる存在にかかわりを持つことがなく、しかもあらゆる存在に通じているのであれば、どうぞこの施食をお受け下さい。[12]

11　維摩の家の門前で、維摩は食べ物を一杯にした食器をスブーティの前に差し出して、「食物の平等であることによって一切の存在の平等であることを悟るのであれば、どうぞこれをお食べ下さい」といっているのです。生真面目でブッダの教えにそのまま従っているスブーティが、維摩の言葉にどう答えようかとうろたえる姿が目に浮かぶようです。この「一切のものの平等」ということも、この経典のテーマの一つです。

12　「貪りの心や怒りや愚かしさ（貪瞋痴の三毒）を捨てないままで、それらによって突き動かされることがない」とか、「聖者でもなく凡夫でもない」などというのは、大乗菩薩の特有のあり方です。

〈煩悩を持ったままで悟りに入ることができますか〉

長老のスブーティさん、もしあなたが師たるブッダに会わず、その教え（法）を聞かず、教団（サンガ）に仕《つか》えることもなく、六人の異教徒の修行者たち（六師外道《ろくしげどう》）、すなわち、プーラナ・カーシュヤパ、マスカリー・ゴーシャーリープトラ、サンジャヤ・ヴァイラーシュトリカプトラ、カクダ・カーティヤーヤナ、アジタ・ケーシャカンバラ、ニルグランタ・ジュニャーティプトラについて出家し、これらの六人が行くところにはあなたもそのままついて行くのであれば、どうぞこの施食をお受け下さい。[13]

長老のスブーティさん、もしあなたが間違った見解に落ち込んで、ものごとの両極端と中道《ちゅうどう》を理解していないのであれば、どうぞこの施食をお受け下さい。

もしあなたがブッダに会うこともできず、教えを聞くこともできない八つの境界《きょうがい》（八難処《はちなんしょ》）に落ち込んでいて、幸運な境界を

13　六師外道とは、ブッダの時代の六人の思想家・宗教家たちで、彼らの主張には唯心論から唯物論まであり、出家直後のブッダはこれらをすべて学び尽くしたけれども満足しなかったといわれます。そこで、六師外道はいわば邪教の代表者のように見られているのですが、大乗の菩薩はあえて彼らの仲間になって、しかもブッダへの信仰を捨てず、正道を踏み外すことはなく、やがて彼らをもブッダの教えに向かわせることが期待されているのです。

得ていないのであれば、また、もしあなたが心の汚れ（煩悩）と一体になっていながら、しかも心の浄らかさを得ているのであれば、もしすべての人々の心の汚れのなくなることが、そのままあなたの心の汚れがなくなることになるというのであれば、どうぞこの施食をお受け下さい。

また、もしあなたに食事を施す人々をすべて不幸にするのであれば、もしあなたが悪魔たちと一体となっていて、すべての心の汚れ（煩悩）はあなたの仲間であり、心の汚れの本質がそのまま長老スブーティさんの本質であるというのであれば、もしあなたがあらゆる人々に対して敵意を抱いているのであれば、もしあなたが一切のブッダを誹謗《ひぼう》し、すべてのブッダの教えを悪し様にい い、教団を頼りとせず、決して涅槃に入らないのであれば、どうぞ私の施食をお受け下さい[14]』

〈言葉を畏れてはならない〉

14　ここでスブーティにたいして維摩がいっている言葉は、すべて逆説的な表現で大乗菩薩のあり方を述べているのであって、ただ悪魔に立って悪事を行えとか、ブッダの教えを誹謗せよといっているわけではありません。『維摩経』を読む場合、このような表現には十分慣れておく方がよいと思います。菩薩が自分一人の悟りの安らぎに浸っているとすれば、彼はもはや菩薩とは呼ばれません。この世のあらゆる所で、善悪すべての人々とともにあって、ともに生きながら人々に悟りを求める心を起こさせる者だけが菩薩と呼ばれるのです。

このように維摩がいうのを聞いて、尊師さま、私はなんと答えたらよいのか、なんというべきかわからなくなり、あたりが真っ暗になったような気がしたので、食器をほったらかにして維摩の家から逃げ帰ろうとしました。

すると、リッチャヴィ族の人・維摩は私にこういいました。

『長老のスブーティさん、私がいった言葉を怖れないで、この食器を受け取って下さい。スブーティさん、あなたはどう思われますか。もし私が、如来の神通力によって作り出された人（化人《けにん》）に同じことをいったとしたら、この人はそれを怖れるでしょうか』

私は答えました。

『いいえ、この人は怖れません』

すると彼はつぎのようにいいました。

『長老のスブーティさん、あなたは仮に作り出された、幻のような本質を持つものを怖れてはなりません。なぜかというと、それらの言葉（文字）も同じように幻のような本質を持つものであって、この道理に通じている者は言葉（文字）にとらわれることもなく、言葉を怖れることもないからです。それはどうしてかというと、すべての言葉は言葉としての固有の実体がないからです。スブーティさん、あらゆる存在に実体はないのですが、解脱だけは例外です。あらゆる存在は解脱を表しているからです』[15]と。

そこで、私は返す言葉を失ってしまい、何とも返事をすることができませんでした。このようなわけで、尊師さま、私には維摩の病気見舞いに行くことはとうていできないのでございます」

―⑤説法第一のプールナ（富楼那）[16]…人を見て教えを説け―

そこで、ブッダは長老のプールナ・マイトラーヤニープトラ（富楼那《ふるな》）にいわれました。

「プールナよ、君はリッチャヴィ族の人・維摩の病気見舞いに行きなさい」と。

このようにいわれたとき、長老のプールナもつぎのような過去

15　維摩の鋭い言葉を聞いて恐れをなし、食器をほったらかしにして逃げ帰ろうとしたスブーティに、維摩は「言葉を怖れる必要はない。ただ私のいいたかったこと、私の心を感じ取ってほしい」といっているのです。禅宗でいう「不立文字」の意味を表す言葉は、この経典でしばしば説かれています。

16　プールナ・マイトラーヤニープトラ（富楼那）は、「富楼那の弁」という言葉があるほど弁舌に優れ、「説法第一」と称されました。彼は気性の荒い人々が住むといわれたスナーパランタという辺境の地へ行き、決死の覚悟で布教するなど、強い使命感を持つ人でしたが、維摩の批判は彼の得意とする説法そのものに向けられています。

の出来事をブッダに申しあげて、病気見舞いに行くことを辞退しました。

〈宝の器には新鮮な食べ物を盛れ〉

「あるとき、ヴァイシャーリーのあるところで、私は仏弟子になったばかりの修行僧たちに、ブッダの教えを私が教えられた通りに説いていました。そこに、リッチャヴィ族の人・維摩がやってきていいました。

『長老のプールナさん、あなたはここにいる修行僧たちの心をよく観察してから教えを説いて下さい。大きな宝の器のなかに、古くなって腐りかけた食べ物を盛ってはなりません。[17] あなたは、ここにいる修行僧たちがどのような意欲を持っているかを、まず知らなければならないのです。瑠璃《るり》の宝石をガラス玉と混同してはなりません。

長老のプールナさん、あなたは人々の能力をしっかりと見極め

17　彼は新たに学び始めた修行僧たちに、ブッダの教えを自分が教えられた通りに説き聞かせていたのでしょう。それに対して、ブッダの教えを学びたいと思って入門した修行者の心を観察し、彼らがどのような意欲を持っているかを知った上で、彼らの熱意を正しい方向に導く説法をしなければならない、と維摩はいいます。入門したばかりの者であっても、彼らは無限の可能性を持つ「宝の器」なのだから、その器には新鮮な食物を入れてやらなければならない。「新しい器には新鮮な食べ物を盛れ」と、維摩はいっているのです。最澄の『山家学生式』で「道心有るの人を名付けて国宝と為す」というのも同じ考え方です。ここで「新鮮な食べ物」というのは、大乗の教えです。

ないで、過小に評価してはなりません。もともと傷のない者に傷をつけさせてはなりません。大道を歩こうと思っている人々を、狭くて小さな道に入らせてはなりません。大海の水を牛の足跡に注ぎ込んではなりません。太陽の光を蛍の光で遮《さえぎ》ってはなりません。獅子吼《ししく》しようとしている者たちの声を、ジャッカルの吠え声のようにさせてはなりません。[18]

なぜかというと、長老のプールナさん、ここにいるすべての修行者たちは、もと大乗の教えに従っていて悟りを求める心を失っているわけではなく、ただ忘れているだけなのです。声聞乗はブッダの真実の教えではないのですから』

〈維摩、修行者たちに過去に善根を積んだことを思い起こさせる〉

そのとき、リッチャヴィ族の人・維摩は禅定に入り、ここにいる修行者たちに、彼らが数え切れないほどの過去の生涯において、悟りを求めて五百のブッダにお仕えして善根を積んだことを

18　「瑠璃の宝石」「もともと傷のない者」「大道を歩こうと思っている人々」「大海の水」「太陽の光」「獅子吼しようとしている者」とは、「大乗の教えを学ぼうとしている人」の意味です。

思い起こさせました。すると、たちまちすべての修行者たちに、悟りを求める心が甦ったのです。そこで、彼らはかの優れた人・維摩の足に頭面を付けて敬意を表し、合掌してからその同じ所に坐りました。

そこで、維摩は、改めて彼らがこの上ない正しい悟りの境地から退くことのない境地（不退転位《ふたいてんい》）を得るための教えを説いたのです。

このようなわけで、尊師さま、私にはかの優れた人・維摩の病気見舞いに行くことはとうていできないのでございます」

―⑥論議第一のマハーカーティヤーヤナ（大迦旃延）…ブッダの教えをどう解説したらよいのか―

そこで、ブッダは長老のマハーカーティヤーヤナ（大迦旃延《だいかせんねん》）にいわれました。[19]

「カーティヤーヤナよ、君はリッチャヴィの人・維摩の病気見舞いに行きなさい」と。

19　マハーカーティヤーヤナ（大迦旃延）は、ブッダが教えの要点だけを簡単に説いたとき、これを誰にでもわかるように解説することが得意だったので、「解義第一」、或いは「広説第一」と呼ばれました。「解説者」はいつの時代にも必要で、とくに初期の仏教の伝道に重要なはたらきをした人として知られています。

このようにいわれたとき、長老のカーティヤーヤナもつぎのような過去の出来事をブッダに申しあげて、病気見舞いに行くことを辞退しました。

〈ブッダの言葉をどのように解説したらよいのか〉

「あるとき、ブッダはヴァイシャーリーのあるところで、修行僧たちに教えの要点をまとめてお説きになりました。そのあと、私はブッダの言葉の意味をはっきりさせるために、無常の意味、苦の意味、無我の意味、寂滅《じゃくめつ》の意味について、修行僧たちに詳しく説明していました。そこに、リッチャヴィの人・維摩がやってきていいました。

『長老のカーティヤーヤナさん、ブッダがお説きになったものの真実のあり方について、動きをともない、生じ滅するものと解説してはなりません。カーティヤーヤナさん、縁起・空という立場に立って観れば、ものはそれ自体として生じることはないのです。未来にも生じることはなく、また、かつて滅したこともなく、未来にも滅しないということ、これが本当の無常の意味です。

　ものを作りあげている五つの要素（五蘊《ごうん》）は空であることを知って、すべてのものは生じることもなく、滅することもないと知り悟ること、これが本当の苦の意味です。我《が》と無我とは相互に対立する二つのものではないこと（不二）、これが無我の本当の意味です。

　この世にあるすべてのものには、実体はありません。このものにも固有の実体（自性《じしょう》）なく、他のものにも固有の実体（多《た》性《しょう》）はない。そのようなものが燃えるということはなく、燃えないものは消え鎮まること（寂滅すること）もありません。そこで、絶対的に消え鎮まること（究竟《くきょう》寂滅《じゃくめつ》）、これが本当の寂滅の意味なのです』[20]

　維摩がこのように説いたとき、それを聞いた修行僧たちの心はすべての煩悩のとらわれから解き放たれました。このようなわけ

20　彼は、仏説の基本となる無常、無我、寂滅などの意味を解説していたのですが、たとい解説であっても、一切の存在は不生不滅であり、空であるということをしっかりと弁えた上で説かなければならないと、維摩はいっています。「我と無我」は対立するものではない、という主張は「入不二法門品」のテーマにも通じます。また、ここでは、かつて燃えていたものが消えることが寂滅、すなわち、煩悩の火が消えることが涅槃であるということを批判し、本来煩悩はないのだから消えることもない、というのです。

で、尊師さま、私には維摩居士の病気見舞いに行くことはとうていできないのでございます」

―⑦天眼《てんげん》第一のアニルッダ（阿那律）
…すべてを見通す目とは何か―

そこで、ブッダは長老のアニルッダ（阿那律《あなりつ》）にいわれました。[21]
「アニルッダよ、君はリッチャヴィ族の人・維摩の病気見舞いに行きなさい」と。
このようにいわれたとき、長老のアニルッダもまた、つぎのような過去の出来事をブッダに申し上げて、病気見舞いに行くことを辞退しました。

〈天眼でどこまで見えるのか〉

「あるとき、私が坐禅の座から立ち上がって足の疲れを休めるためにゆっくり歩いていると、そこにシュバヴィユーハ（厳《ごん》浄《じょう》）という名のブラフマン神（梵天《ぼんてん》）が一万人のブラフマン神

21　アニルッダ（阿那律）はシャカ族の人で、ブッダの従弟にあたるといわれる人です。彼は祇園精舎でブッダの説法中に、居眠りをしたためブッダから叱責され、これを恥じてブッダの前では決して眠らない誓いを立てて実行し、その結果、ついに失明しました。しかし、それと同時にすべてを見通すことのできる智慧の眼（天眼）を開いた、といわれます。そこで、彼は「天眼第一」と讃えられるのですが、シュバヴィユーハから「天眼でどこまで見えるか」と聞かれて「全世界のすべてが見える」と、つい得意になっていってしまったことにたいして、維摩は鋭い批判を浴びせかけます。本当の智慧の眼は、どこまで見えるとか、遠くまで見えるとかいうものではなく、世界や人間の真実のあり方を見抜

を従えて、辺り一面を輝かせながら私にいるところに近づいてきました。そして、私の足に顔面を着けて礼拝してから一方に坐り、つぎのようにいいました。

『長老のアニルッダさま、あなたはすべてを見通す眼を持っていることにかけては、仏弟子中で第一の人（天眼《てんげん》第一）と呼ばれておられますが、あなたのすべてを見通す眼（天眼）を以てすれば、いったいどこまで見えるのですか』と。

そこで、私は答えました。

『友よ、私は自分の掌の中にある果実を見るのと同じように、シャカムニの仏国土である三千大千世界のすべてを見ることができます』と。

このような問答をしていると、そこにリッチャヴィ族の人・維摩が近づいてきて、私の足に顔面を着けて礼拝してから、つぎのようにいいました。

『長老のアニルッダさん、あなたのすべてを見通す眼とは、世

き、人々を悟りに向かわせるものの筈だ、と維摩はいっているのです。

間的な因と縁によって造られた性質のものなのですか、それとも世間的な因と縁によって造られたのではない性質のものなのですか。

もし、造られた性質のものであるとすれば、あなたの天眼の能力は、仏教以外のインドの諸宗教で説く〝五つの超能力〟(五神通)と同じものとなってしまいます。また、造られた性質のものではないとすれば、それは普通の存在を超えたものですから、そのような眼で見ることはできないはずです。それなのに、長老さまは、いったいどのようにして見ることができるのですか』と。

このようにいわれて、私は答えることができませんでした。

〈すべてを見通す眼を持つのはどなたか〉

そこで、ブラフマン神はかの優れた人・維摩の教えを聞いて、驚き、敬う心を起こして、維摩を礼拝してから尋ねました。

『この世界のなかで、すべてを見通す眼を持つのはどなたでしょうか』と。

維摩は答えました。

『この世界のなかで、諸のブッダ（諸仏世尊）こそ、すべてを見通す眼を持たれた方々です。これらの方々は禅定に入ったままで、しかも、主客の対立を離れた見方で、すべての仏国土のあらゆる事柄をご覧になるのです』[22]と。

このとき、かのブラフマン神は一万の仲間たちと一緒に維摩の言葉を聞いて、ともにこの上なく正しい悟りを求める心を起こしました。そして、かのブラフマン神は私と維摩居士に敬礼し終わるやいなや、たちまちそこから姿を消しました。

このようなわけで、尊師さま、私には維摩居士の病気見舞いに行くことはとうていできないのでございます。

——⑧持戒第一のウパーリ（優波離）…罪はどこにあるのか——

そこで、ブッダは長老のウパーリ（優波離《うばり》）にいわれました。[23]

22　本当の意味で一切を見通す眼を持つのは、いうまでもなくブッダです。ここで重要なのは、ブッダの智慧の眼が「禅定に入ったままで」、「主客の対立を離れた見方で」すべてを見るとされることです。とらわれのない、澄み切った心で、世界のありさまをそのまま見ることが求められているのです。

「ウパーリよ、君はリッチャヴィ族の人・維摩の病気見舞いに行きなさい」と。

このようにいわれたとき、長老のウパーリもまた、ブッダにつぎのような過去の出来事を申しあげて、病気見舞いに行くことを辞退しました。

「あるとき、二人の修行僧が戒律にふれる罪を犯したのですが、ブッダにたいして余りにも恥ずかしかったので、その御許《みもと》には行けず、私のところにやって来ていいました。

『長老のウパーリさま、私たち二人は罪を犯したのですが、恥ずかしくてブッダの御許に行けません。長老さまには、私たちの後悔の心を除き、罪から救い出して下さい』と。

そこで、私はこの二人にブッダの教えや戒律の話しをしていました。すると、そこに維摩がやって来て、このように私にいいました。

『長老のウパーリさん、あなたはこの二人の罪をさらに重くす

23　ウパーリ（優波離）はシャカ族の宮廷の理髪師で、成道後、ブッダが故郷カピラヴァスツに帰ったとき、最初に出家した人です。仏弟子になってからは、自ら戒律をよく守り、他の修行者が戒律を犯したときにも、教えにもとづいて公正に裁定したので、「持戒第一」と称されました。このように戒律の第一人者とされたウパーリは、戒律を犯した罪を除いて貰おうとやって来た二人の修行者に、まるで裁判官のように、戒律に照らして罪の重さを裁定しました。そこのところが問題だ、と維摩はいいます。

るようなことをしてはなりません。今すぐ、二人の罪を犯したという思いを除いてやりなさい。ウパーリさん、あなたは二人が罪を犯したというけれども、その罪というものは、内にあるのでもなく、外にあるのでもなく、中間にあるものでもないのです。なぜかというと、ブッダは〈心が汚れることによって人々は汚れ、心が浄らかになることによって人々は浄らかとなる〉と、お説きになっているからです。ウパーリさん、まったく同じように、心は内にあるのでもなく、外にあるのでもなく、その両者のほかにあるのでもない。罪というものも心と同じです。それらとまったく同じように、この世に存在するすべてのものも、真理性（真《しん》如《にょ》）を離れたものは何一つありません。[24]

　ウパーリさん、心の本性というもの、その本性によってあなたの心も解脱するのですが、その心の本性は汚れているのでしょうか』

『決して、そんなことはありません』と、私が答えると、彼は

24　ウパーリは罪（罪性）というものに動かし得ない実体があるかのように考えていますが、罪性なるものがどこにあるのか。心が汚れるからその人も汚れ、心が清らかになればその人も清らかになるのであって、心も罪性もすべて真理性（真如）を離れたものはないのだから、というのが維摩の批判の要旨です。因みに、中国禅の初祖・菩提達摩の『二入四行論』には、弟子の慧可とのあいだの罪性問答が記されています。あるとき、弟子がやって来て「私は罪を犯したので、懺悔させて下さい」といいました。達摩「君の罪を

さらにいいました。

『長老のウパーリさん、すべての人々の心は汚れのないことを本性としています。ウパーリさん、あれこれ思いはかること（分別）によっては汚れる（煩悩）のですが、あれこれ思いはかることのない（無分別）のが心の本性です。道理に背く考えを起こすこと（顛倒《てんどう》）によっては汚れるのですが、道理に背く考えを起こさない（無顛倒）のが心の本性です。我があると間違って思い込むことによっては汚れるのですが、本性として心は無我です。[25]

ウパーリさん、すべての存在は、幻や雲、稲光のように生まれては消えて、一瞬も止まっていません。すべての存在は実在するものではないのに、実在しているかのように見られているのです。すべての存在は水に映った月や鏡の中の像のようなものであり、誤った心のはたらきによって生み出されたものにすぎません。このように知る者が、真に戒律を保つ人といわれ、このように訓練された人が戒律の達人といわれるのです』

持って来なさい。そうすれば、君に懺悔させてあげよう」。僧「罪は形としてとらえられる物ではありません。いったい、何を持ってきたらよいのでしょうか」。達摩「私は君をすっかり懺悔させてしまった。さあ、お帰りなさい」。罪というものがあるなら、懺悔が必要だが、罪などどこにもないのだから、懺悔する必要はないのである、と。

25　すべての人々の心は本来清らかであるという主張は、『維摩経』の人間観の基本です。人間の心は、煩悩がはたらくことによって汚れるけれども、本性として無分別、無顛倒、無我であるというのです。

そのとき、二人の修行僧はこのような維摩の言葉を聞いて、私にいいました。

『ウパーリさま、この家の居士こそ、智慧を持つ人であり、よく戒律を守っているお方です。ブッダによって〈戒律を守る人々のなかの第一の人〉と認められたウパーリさまも、このお方には及ばないのではありませんか』

そこで、私は二人にいいました。

『あなた方はこのお方を、単なる家長だと考えてはなりません。なぜなら、このお方の弁舌の流れを遮ることのできるものは、ブッダを除いては、菩薩のなかにも仏弟子のなかにも、一人もいないからです。このお方の智慧の光はこのようなものです』

そこで、この二人の修行者は罪を犯したという後悔の念から解放され、その場で、強い決意をもってこの上なく正しい悟りを求める心を起こしました。そして、かの居士にご挨拶し『すべての人々がこのような弁舌を得られるようにしていただきたいと思います』と申しあげたのです。

このようなわけで、尊師さま、私には維摩居士の病気見舞いに行くことはとうていできないのでございます」

―⑨密行《みつぎょう》第一のラーフラ（羅睺羅）…本当の出家の功徳とは―

そこで、ブッダは長老のラーフラ（羅睺羅《らごら》）にいわれました。[26]

「ラーフラよ、君はリッチャヴィ族の人・維摩の病気見舞いに行きなさい」と。

このようにいわれたとき、長老のラーフラもまた、ブッダにつぎのような過去の出来事を申しあげて、病気見舞いに行くことを辞退しました。

〈出家の功徳とは〉

「あるとき、リッチャヴィ族の大勢の青年たちが私のところにやってきて、私に尋ねました。

26　ラーフラ（羅睺羅）はブッダの実子で、ブッダが故郷に帰ったときに出家して仏弟子になりました。シャカ族のシュッドーダナ王（浄飯王）は、一子ゴータマ・シッダールタが出家してしまったので、孫に当たるラーフラを次の王にしようとしたのですが、ラーフラもブッダを慕って出家しました。後に、未成年者の出家には父母の許可が要るなどの問題に発展することになったので、あえて出家の功徳というテーマを持ち出したのです。なお、ラーフラはブッダの教えをよく守り、綿密な修行をしたので「密行第一」と呼ばれました。

『長老のラーフラさま、あなたはブッダのご子息でありながら理想の帝王（転輪聖王《てんりんじょうおう》）の位を捨てて出家なさいました。一体、あなたの出家にはどんな功徳や利益があるのでしょうか』と。

そこで、私が彼らにたいして出家の功徳や利益について理にしたがって説いていると、そこにリッチャヴィの人・維摩がやってきて私に敬礼してからつぎのようにいいました。

『長老のラーフラさん、出家することの功徳や利益について、あなたが説くようにいってはなりません。なぜかというと、出家することは無功徳であり、無利益だからです。

長老のラーフラさん、それが世間の世俗的なもの（有為《うい》）であるなら、功徳もあり、利益もあることでしょう。しかし、出家するということは世俗的な行為ではなく、絶対的なもの（無為《むい》）なのです。絶対的なものに功徳や利益があるはずがありません。[27]

〈本当の出家とは〉

27　転輪聖王とは転輪王とも呼ばれ、武力によらずに正義（ダルマ）だけによって全世界を支配するという理想の帝王。ブッダが生まれたとき、成長して世界を支配する転輪王となるか、あるいはすべての人々を救済するブッダとなる、と予言されたと伝えられますが、それをうけてラーフラの出家もこのように表現したのでしょう。ここでは、栄誉と権力の座を捨てて出家して、どんな利益があるのか、とリッチャヴィの青年たちから問われたのです。それに対して、ラーフラは出家の功徳を型どおりに説いていたのでしょう。出家とは世俗世間を超えることであるから、利益があるとかないとかいう事自体まちがっている、と維摩から批判されるのは当然です。出家は自利とともに利他のためなのです。

長老のラーフラさん、真の出家とは世俗的なものではなく、涅槃への道であり、賢者たちが認め、賞賛するものなのです。それはすべての魔に打ち勝ち、衆生のありさまを見る目を浄らかにし、多くの人々を傷つけることなく、邪悪なものと混じることなく、間違った説を主張する人々を説得してブッダの教えに導き、人々が欲望の泥沼を渡るための橋となり、〈我がもの・我あり〉というとらわれを離れ、自分自身の心をしっかりと見るとともに他人の心にも思いを致してよく守り、あらゆる時、すべての処においていて過ちがない。

これが出家するということです。このように出家すれば、これこそ本当の出家なのです。

リッチャヴィ族の青年の皆さん、あなた方もこのような真実の教えの趣旨をわきまえて出家しなさい。なぜかというと、あなた方がブッダのこの世への出現に出会うことは難しく、快適な生存の幸せを得ることも難しく、つまりは人間としてこの世に生まれるのは得難いことなのですから』

するど、青年達は尋ねました。

『維摩居士さま、ブッダは父母の許しのない限り出家してはならない、と仰せられたと私たちはお聞きしているのですが』と。

それにたいして維摩は答えました。

『皆さん、あなたがたがこの上なく正しい悟りを求める心を発して修行を始めるならば、それこそ出家者となり、完全な戒律を受けるにふさわしい人となるのです』と。

そこにいた三千二百人のリッチャヴィ族の青年たちはこれを聞いて、この上なく正しい悟りを求める心[28]を発しました。

このようなわけで、尊師さま、私には維摩居士の病気見舞いに行くことはとうていできないのでございます」

―⑩多聞《たもん》第一のアーナンダ（阿難）…ブッダの身体は絶対不壊の真理そのもの―

そこで、ブッダは長老のアーナンダ（阿難《あなん》）にいわれました。[29]

28　仏教教団では、未成年者が出家する場合には父母の許可が必要とされていました。この定めは、ラーフラが出家したとき、シュッドーダナ王の要請をブッダが受け入れて成立したといわれます。それに対して、維摩は、出家とは年齢に関わりなく、「この上なく正しい悟りを求める心を起こして修行を始める者はすべて出家者だ」と、いい切っています。いわゆる小乗と大乗の相違を明確に示す言葉です。

「アーナンダよ、君はリッチャヴィの人・維摩の病気見舞いに行きなさい」と。

このようにいわれたとき、長老のアーナンダもまた、ブッダにつぎのような過去の出来事を申しあげて、病気見舞いに行くことを辞退しました。

〈ブッダの身体をどう考えるのか〉

「あるとき、尊師さまが体調を崩され、ミルクが必要となったことがありました。そこで、私は市中の或るバラモンの大邸宅に行き、ミルクを求め鉢を手にして門前に立っていました。そこに、リッチャヴィの人・維摩がやってきて私に敬礼してからつぎのようにいいました。

『長老のアーナンダさん、どうしてあなたは朝早くから鉢を手に持ってこの家の門前に立っておられるのですか』と。

そこで、私は答えました。

29　アーナンダ（阿難）はブッダの従弟で、晩年のブッダに侍者として二十年以上も仕え、入滅に至るまで常に傍にいて師の言葉を聞きました。彼が「多聞第一」と称され、仏滅直後、ラージャグリハで行われたという第一結集で経典編纂の中心となったといわれるのはそのためです。ブッダのためにミルクを求めたというのも、侍者としての努めだったのでしょう。

『維摩居士さん、尊師さまが体調を崩され、ミルクが必要となったので、私はそれを求めようとしているのです』と。

するると、かの居士はいいました。

『長老のアーナンダさん、そのようにいってはなりません。アーナンダさん、ブッダのお身体はダイヤモンドのように堅固です。ブッダのお身体はすべての不善の残りかすさえ断ち切っていて、あらゆる善の偉大な力を具えておられます。そのお身体に、どうして病気が起こるでしょうか。どこから苦しみが生まれるでしょうか。

長老のアーナンダさん、あなたは黙って今すぐこの場から立ち去りなさい。ブッダを貶《おとし》めてはなりません。大きな威力を持つ天子たちや別の仏国土の菩薩たちに、あなたのいうことを聞かれないように。

〈ブッダの身体は真理そのもの〉

長老のアーナンダさん、少しの善根を具えているだけの理想の帝王（転輪聖王）ですら無病であるのに、量り知れない善根を具えた尊師ブッダに、どうして病気などがあるでしょうか。このような道理はありません。

長老のアーナンダさん、今すぐお帰りくださいさい。私たちに恥ずかしい思いをさせないで下さい。これ以上、もう何もいわないで下さい。ブッダの教えに批判的な人々、遊行者たち、ジャイナ教徒たちなどに、あなたのいうことを聞かれないように。彼らが、おやおや、この人たちの先生は、自分で自分の身を病気から守れないのに、どうして病気の人々を救うことができるのかと、思わないようにしなければなりません。

だから、長老のアーナンダさん、こっそりと、急いで立ち去りなさい。あなたのいうことを誰にも聞かれないように。

長老のアーナンダさん、ブッダのお身体は真理そのもの（法身）であり、食べ物によって支えられているものではありません。ブッダのお身体は世俗の世界を離れたものであり、世俗世界のあらゆるものを超えています。ブッダのお身体には苦痛がなく、ブッダのお身体はすべての煩悩から離れています。ブッダのお身体は絶対的なもの（無為）なのです。このような尊師ブッダのお身体に病気があると考えるのは間違いであり、あってはならないことです』[30]

このようにいわれて、尊師さま、私はブッダのお言葉を聞き間違え、間違って理解したのではないかと考え、とても恥ずかしく思いました。

〈それでもブッダは病身を示す〉

そのとき、私は空中からの声を聞きました。

『アーナンダさん、維摩居士が説いたことはその通りです。しかし、尊師ブッダは、人間も社会も汚れに染まった悪世に出現したときには、人間と同じように病気などの姿を示して人々を教化

30　アーナンダがお仕えしているのは生身のブッダですから、体調を崩す事もあるし、そのためにミルクを必要とする事もあるのは当然です。それに対して、維摩がいうのは大乗仏教でブッダの身体についての議論、すなわち仏身論からのブッダの本質です。アーナンダの生身のブッダの身体を気遣う気持ちと、大乗のブッダの身体は真理そのもの（法身）とする見方を対比させて、大乗のブッダ観を明らかにしようとしているのです。それにしても、ジャイナ教徒などに、ブッダが病気にかかっていると思われては困るから早く帰れ、などと実にリアルに記述されていることに興味をひかれます。

されるのです。だから、アーナンダさん、あなたはミルクを受け取ってお帰りなさい。恥ずかしく思う必要はありません』[31]と。

尊師さま、リッチャヴィ族の人・維摩との問答は以上の通りでございます。

このようなわけで、尊師さま、私には維摩居士の病気見舞いに行くことはとうていできないのでございます。

同じように、維摩の病気見舞いに行く気になれないでいる五百人もの仏弟子たちも、彼らと維摩との対話のすべてを尊師ブッダに申しあげ、病気見舞いに行くことを辞退しました」

31　生身のブッダに仕えるアーナンダと大乗のブッダ観を説く維摩の立場を、この「空中からの声」は見事に融和させています。あるいは、経典の作者は維摩によってさんざんにやりこめられるアーナンダに同情して、「空中からの声」を聞かせたのかも知れません。

第四章　菩薩たちの病気見舞い……菩薩品第四

―①マイトレーヤ（弥勒）菩薩…悟りの予言は必要なのか―

そこで、尊師ブッダは菩薩のマイトレーヤ（弥勒《みろく》）にいわれました。[1]「マイトレーヤよ、君はリッチャヴィ族の人・維摩の病気見舞いに行きなさい」と。

このようにいわれたとき、マイトレーヤ菩薩もまた、ブッダにつぎのような過去の出来事を申しあげて、病気見舞いに行くことを辞退しました。

「あるとき、尊師さま、私は兜率天《とそつてん》の天子達やその眷属たちとともに、菩薩の退くことのない悟りの境地についての法話を語り合っていました。すると、そこにリッチャヴィ族の人・維摩がやって来て私にいいました。

1　ブッダの十大弟子がそれぞれ維摩の病気見舞いに行くことを辞退したので、次に菩薩たちが見舞いに行くことを命じられます。三万二千人の菩薩たちの代表として選ばれたのは、マイトレーヤ（弥勒）菩薩、プラバーヴィユーハ（光厳）童子、ジャガティンダラ（持世）菩薩、長者の子のスダッタ（善徳）の四人です。このうち、マイトレーヤとジャガティンダラは出家の菩薩ですが、プラバーヴィユーハとスダッタの二人は在家の菩薩で、出家者と在家の者が平等に扱われていることがわかります。

　マイトレーヤ（弥勒）菩薩はシャカムニ仏に次いで、五十六

〈成仏の予言はいつなのか〉

『マイトレーヤさん、あなたは尊師ブッダによって、一つの生涯の間生死の世界に縛られるだけで、次の生涯には必ず完全な悟りを開くことができる（一生補処《いっしょうふしょ》）と予言されています。それなら、マイトレーヤさん、あなたはどの生涯として悟りの予言を受けたのですか。過去なのですか。未来なのですか。それとも、現在なのですか。もし、過去の生涯であるとすれば、それはすでに過ぎ去り消滅しています。未来の生涯であるとすれば、それは未だやって来ていません。また、現在の生涯であるとすれば、現在はとどまることがありません。なぜかというと、ブッダは〈汝ら修行者達よ、汝らは一瞬一瞬に生まれ、老い、死に、消滅し、そしてまた生まれる〉とお説きになっておられるからです。[2]

また、もし、そのような時間的な生涯ではなく、無生《むしょう》として予言を受けたのであるとすれば、無生とは世俗世間を離れた絶対的な悟りの位（正性離生《しょうしょうりしょう》）ですから、そこではブッダになると

億七千万年の後にこの世に現れ、未来のブッダとして人々を救済するという菩薩です。すでに修行は完成し、あと一生だけ生まれ変わればブッダになるという予言（授記）を受けていて、兜率天で教えを説いているといわれます。ここでは、彼が予言を受けたということが問題にされるのです。

2　マイトレーヤが未来においてブッダになるという予言（授記）を受けたということは、二つの点から批判されます。一つは時間、他はブッダになる根拠についてです。先ず、予言（授記）とは、未来において起こる事柄を推測していうことなのですが、マイトレーヤがブッダになると予言されたのはいつなのか。過去は過ぎ去っており、未

予言されることもないし、さらに悟りを開くこともありません。

〈悟りの本性はだれにでもある〉

そこで、マイトレーヤさん、あなたはどんな拠り所によって悟りを開くと予言されたのですか。だれにでも具わっている悟りの本質・真如《しんにょ》が生じるということによって、悟りを開くと予言されたのですか。それとも、真如が消滅するということによってなのですか。

ところで、真如は生じることなく、消滅することなく、未来にも生じることはありません。すべての人々が真如をもともと具えています。すべての存在も真如を具えています。その同じ真如が、マイトレーヤさん、あなたにも具わっているのです。だから、もしあなたが悟りを開くと予言されたのであれば、すべての人々もまた、悟りを開くであろうと予言されていることになります。なぜかというと、真如には二種類あるとか、それぞれ別なものであ

来はまだ来ていないし、現在はとどまることがない。人は一瞬一瞬に生まれ、老い、死に、そしてまた生まれるというなかで、未来にブッダになるとはいつのことなのかと維摩はいいます。時間を直線的にとらえて過去・現在・未来と分け、固定的に考える見方が否定されるのです。

るとかいうことはないからです。だから、マイトレーヤさんが悟りを開く時には、その同じ時に、すべての人々も同じように悟りを開くでしょう。なぜかというと、悟りとは、すべての人々が悟るということなのですから。[3]

そこで、マイトレーヤさん、あなたが涅槃《ねはん》に入るときは、すべての人々も同時に涅槃に入ることになるでしょう。なぜかというと、人々がまだ涅槃に入らない間は、諸如来は涅槃に入ることなく、人々が涅槃に入ることのできる本質を具えていて、完全な涅槃に入ったということを見とどけるからです。

それゆえ、マイトレーヤさん、あなたは兜率天《とそってん》に住む者たちにこびへつらい、彼らをだましてはなりません。

〈悟りとはどのようなことでしょうか〉

マイトレーヤさん、悟りとはだれであってもそのなかにとどまることなく、そこから転落することもないものです。あなたは、

3　マイトレーヤが悟りを開いてブッダになると予言されたというが、悟りの根拠となる真如はもともと誰にでも本来具わっている。マイトレーヤにも当然悟りの根拠たる真如が具わっているのだから、今さらブッダになると予言される必要はまったくない。予言を受けたからブッダとなるなどといったら、兜率天に住む者たちをだますことになるではないか。このような維摩の批判は、明快に大乗仏教の基本的な立場を表しています。

因みに、禅宗で伝えられる「世尊拈花」という話では、昔、霊鷲山での法会でブッダが黙って一枝の花をとって修行僧たちに示すと、摩訶迦葉だけがにっこり微笑したので、ブッダは「私には絶対的な真実の法門がある。今、それを文字によらない、

天の住人たちに悟りについてあれこれ勝手にとらえる見解を捨てさせなさい。

悟りとは、身体で悟るものでもなく、心で悟るものでもありません。悟りとは、すべての個別の特質がなくなり、人間の自我による心のはたらきはなくなり、あらゆる邪見は断ち切られ、なにものにも執着することのない境地です。悟りとは、真理の世界（法界）にあることであり、真如に順《したが》うことであり、心とその対象を離れているから不二であり、虚空のようにすべてに平等であり、絶対的なもの（無為《むい》）であって、生まれたり消滅したり止まったり変化したりすることのないものです。

悟りは、混じりけなく、本性として清浄であり、光り輝き、本来的にまったく浄らかなものです。悟りは、例えるものもなく、比べるものもありません。悟りは、知りがたいものであるから微妙というしかなく、虚空のようにすべてのところにゆきわたっています。それは身体によって悟るとか、心によって悟るとかいう

以心伝心の方法で摩訶迦葉に委ねよう」といわれた、と伝えられます。誰でも知っている伝法物語で、ここでは『無門関』（第六）によりましたが、無門慧開は「もし、悟りの真実なるものが、授けたり授けられたりするようなものであれば、ブッダは町や村の人々をだましていることになる」と評しています。悟りの真実はブッダが授けたのではなく、もともと摩訶迦葉に具わっていたのだから、という意味です。維摩と同趣旨であることがわかります。

ことさえ超えたものなのです』

このように維摩居士が説くと、尊師さま、その席にいたもののうち、二百の天子たちはすぐさま一切のものは不生不滅であるという確信（無生法忍《むしょうぼうにん》）を得ました。私はもはや何もいえませんでした。

このようなわけで、尊師さま、私には維摩居士の病気見舞いに行くことはとうていできないのでございます。

―②プラバーヴィユーハ（光厳）…修行の場はどこか―

そこで、尊師ブッダはリッチャヴィ族の青年プラバーヴィユーハ（光厳童子《こうごんどうじ》）4にいわれました。

「プラバーヴィユーハよ、君はリッチャヴィ族の人・維摩の病気見舞いに行きなさい」と。

このようにいわれたとき、プラバーヴィユーハもまた、ブッダにつぎのような過去の出来事を申しあげて、病気見舞いに行くこ

4　リッチャヴィ族の青年プラバーヴィユーハは、羅什訳では光厳童子と訳されています。童子とは少年のことですが、大乗経典では一途に道を求める求道者をいいます。彼がヴァイシャーリーの町を出ようとしたとき、たまたま町のなかに入ろうとした維摩に出会ったので「あなたはどこから来たのか」と尋ねたのです。すると、悟りの座（菩提の道場）から来たとのこと。そこで、「修行の場（道場）とは何か」との問いに対して、維摩は日常生活のすべてが修行の場であることを明かすのです。

とを辞退しました。

〈修行の場所はどこにあるのでしょうか〉

「ある時、私がヴァイシャーリーの大都市から出て行こうとしていたとき、ちょうど、維摩が町の中に入って来るのに出会いました。

そこで、私は彼に挨拶してから『維摩居士さん、あなたはどこから来たのですか』とお聞きしますと、彼は『悟りの座（菩提《ぼだい》の道場）から来ました』と答えました。そこで、私が『悟りの座とは何をいうのですか』とたずねますと、彼は私につぎのようにいいました。

悟りの座（菩提の道場）とは、リッチャヴィ族の若者よ、偽りのないものであるから、それは、ひたすらに悟りを求める素直な心（直心《じきしん》）という座（道場）です。悟りの座とは、人々の目的を完成させるものであるから、実践努力という座です。とくに優れた悟りを得ようとするものであるから、それはつよい決意の座です。真実を求める心を忘れないから、それは菩提心の座です。

果報を期待しないから、これは布施という座です。[5] 修行の目的を必ず成就しようと誓うことであるから、これは戒律を守る（持戒《じかい》）座です。すべての人々に対して怒り傷つけようとする心がないから、それは忍耐（忍辱《にんにく》）という座です。退くことがないから、それは精進努力（精進《しょうじん》）という座です。心が柔軟にはたらくから、それは禅定という座です。真実をありのままに見るから、それは大いなる智慧（般若）という座です。すべての人々に対して等しく心をはたらかせるから、それは慈しみ（慈）という座です。危害に耐えるということから、これは哀れみ（悲）という座です。真理（法）を体得する無上の喜びを味わうことから、それは喜び（喜）という座です。愛着と憎悪を離れることから、それは平静な心（捨）という座です。

5　布施・持戒・忍辱・精進・禅定・慈・悲・喜・捨などのすべての徳行を行うことが修行の場とされるなかで、「果報を期待しない布施」に代表される行為は、この経典を貫く重要なテーマとされています。果報を望まず、結果を期待しない「無施の施」は日常生活のなかでこそ行われるべきであり、「無施の施」が行われる日常生活はそのまま悟りの座（菩提道場）とされるのです。

〈修行の場所はどこにでもある〉

リッチャヴィの若者よ、悟りの座とは、霊妙な力（神通力《じんづうりき》）が生まれる座であり、解脱を得るための座であり、人々を成熟させるための方便という座であり、すべての人々を包みこむ布施・愛語などの四つの利他行の座であり、ブッダの教えを多く真摯に学ぶ座であり、すべての物事の本質を決定的に見きわめる座であり、悟りに至るプロセスとなるすべての修行の座であり、ブッダの教えの根本となる四つの真理（四聖諦《ししょうたい》）という座であり、根源的な心の汚れ（煩悩）を断ち切るための道筋（十二支縁起）という座であり、すべての心の汚れたはたらきが鎮まった座、それが悟りの座なのです。

リッチャヴィの若者よ、悟りの座とは、すべての人々、すべてのものは空であると見る座であり、修行を妨げるすべての魔の力を打ち砕く座、何者をも畏れることなく真実を説き努力する座、すべてのものの本質を一瞬のうちに見抜く智慧を得るための座、それが悟りの座なのです。
皆さん、このようにさまざまな智慧の実践行を具えて人々を教え導き、ブッダの教えをしっかりと受け止めて善根を積む人々は、そのすべて人々が悟りの座から来ているのであり、真実の教えから来ていて、真実の教えそのものの中にあるのです』
尊師さま、維摩居士が、このように説き終わるやいなや、そこにいた五百人の人々や天に住む者たちはすべて悟りへの心を発しました。そこで、私は言葉を失ってしまいました。このようなわけで、尊師さま、私には維摩の病気見舞いに行くことはとうていできないのでございます」

——③ジャガティンダラ（持世）菩薩
……天女の誘惑をどうしたらよいでしょうか——

そこで、尊師ブッダは、ジャガティンダラ（持世《じせ》）菩薩にいわれました。
「ジャガティンダラ菩薩よ、君がリッチャヴィ族の人・維摩の病気見舞いに行きなさい」と。

このようにいわれたとき、ジャガティンダラ菩薩もまたブッダに、つぎのような過去の出来事を申しあげて病気見舞いに行くことを辞退しました。

〈一万二千人の天女を与えるといわれたら、どうしますか〉

「あるとき、私はヴァイシャーリー市内の自宅にいました。すると、悪魔パーピーヤス[6]が一万二千の天女に囲まれ、シャクラ（インドラ神、帝釈天《たいしゃくてん》）の姿をして、皆で一緒に楽器を鳴らしたり歌を歌ったりしながら、私がいるところにやって来ました。彼らは私の足に顔面を着けて挨拶してから、一方に坐りました。そのとき私は、彼を神々の王たるシャクラであるとてっきり思い込んでいましたので、彼にいいました。

『シャクラさん、よくお出でになりました。あなたは大勢の天女を引き連れておいでのようですが、あなたは欲望を満たす喜び

6　パーピーヤス（あるいは、パーピマン）は天魔波旬と呼ばれる魔王で、古代インドの世界観で欲界の最上にある第六天（他化自在天）の主とされます。人が修行したり善事を行おうとするのを妨げ、様々な悪事をする存在です。ブッダの成道を妨害しようとして退けられたのもこの魔王です。この日も、一人静かに坐を組んでいるジャガティンダラ菩薩の心をかき乱そうとして、大勢の天界の美女

に耽ることなく、身体も命も財産も空しく無常であることを、よく見極めなければなりません』

するとも、彼はこのように私にいいました。

『ジャガティンダラ菩薩さま、この一万二千の天女たちを私から受け取って、あなたの侍女にして下さい』

そこで、私はそれを本気にして彼にいいました。

『シャクラさん、あなたは、ブッダの子となった私たち出家者にふさわしくないものを与えようとしないで下さい。これらの天女たちは、私たちにはふさわしいものではないからです』

〈そこに登場した維摩はどうしたか〉

このような問答をしているところへ、維摩がやってきて私にいいました。

『ジャガティンダラさん、ここにいる者をシャクラだと思ってはなりません。これは悪魔のパーピーヤスで、あなたを負かして

たちを連れてやってきたのです。

シャクラは、『リグ・ヴェーダ』で最も有力な神とされたインドラ神の別名で、その昔はアーリヤ人の英雄神でしたが、ブラフマン神（梵天）とともに仏教に取り入れられて教えを守る善神とされました。欲界の第二天（忉利天、三十三天）の主として善行を喜び悪行を懲らしめる威徳ある神です。そこで、ジャガティンダラはシャクラの姿を見て、すっかり信用してしまったのです。

傷つけるためにやって来たのです。これはシャクラではないのです』と。

それから、リッチャヴィ族の人・維摩は悪魔パーピーヤスにいいました。

『パーピーヤスよ、これらの天女たちを私にくれ。彼女らは私にはふさわしいが、ブッダの子となった出家者にはふさわしくないから』と。

すると、悪魔パーピーヤスは驚き怖れ、『維摩にあれこれいわれたくない』と思い、天上の住居に逃げ帰って身を隠そうとしましたが、彼の持つあらゆる神通力をもってしても、身を隠すことができませんでした。

そのとき、天上から声が聞こえました。

『パーピーヤスよ、あなたはこれらの天女たちを、かの優れた居士に与えなさい。そうすれば、あなたは自分の住居に帰ることができます』

そこで、悪魔は恐れ入って、不本意ながらも天女たちを維摩に与えました。

悪魔から天女たちを受け取ると、維摩は彼女らにいいました。

『あなた方は悪魔から私に与えられたのですから、この上なく正しい悟りを求める心を発さなければなりません』

そして維摩が天女たちが悟り向かって順序正しく成熟して行く話しをすると、天女たちはその場で、悟りを求める心を起こしました。

〈法の喜びを味わい楽しみなさい〉

そこで、維摩は天女たちにいいました。

『あなた方は、今、悟りを求める心を起こしたのだから、法の喜びを味わい満足するようにしなければなりません。これからは愛欲の喜びに満足してはならないのです』[7]

すると、天女たちは『法の喜びとはどんなことでしょうか』と

7　維摩と魔王パーピーヤスとの間にまるで禅問答のようなやりとりがあった後、天界の美女たちもようやく悟りの安らぎは官能の喜びに勝るということに気づき、本気になって維摩に「法の喜びとは何か」と尋ねたのでしょう。

尋ねました。

そこで、維摩は彼女らにつぎのように説きました。

『天女の皆さん、法の喜びとは、ブッダにたいして確固たる信仰を持つことであり、その教えを聞こうと願う喜びであり、その教団に仕える喜びです。それは、高慢な心を持つことなく師を尊敬する喜びであり、すべての存在を空と見る喜びであり、悟りを求める心を守り抜く喜びであり、人々のためになることを行う喜びであり、六つの智慧の完成行を行う喜びです。それはまた、悟りに対して心が広がって行く喜びであり、修行を妨げる悪魔たちを押さえ込む喜び、自分の内なる煩悩を打ち砕く喜び、仏国土を浄める喜び、ブッダと同じ相好《そうごう》を完成するためにすべての善の行いを積む喜び、深い法を聞いて畏れがない喜び、悟りに通ずる三種の禅定を行う喜び、自分と同類の人々と交わる喜び、違う類の人々に対して憎しみや怒りを持たない喜び、真の友人と交わる喜び、悪友から遠ざかる喜び、法のすぐれた喜びを願う喜び、巧みな方便のなかに人々を包みこむ喜び、怠けることなく悟りへの修行を続ける喜び、菩薩の法の喜びとはこのようなことです』

そのとき、悪魔パーピーヤスは天女たちに『さあ、お前たちはこちらに来なさい。私たちの住処に戻ろう』といいました。

しかし、天女たちは答えました。

『あなたは私たちをこの家長さまに与えたのです。家長さまが教えられたように、私たちは、今や法の喜びを味わい満足すべきであって、愛欲の喜びに耽ってはならないのです』と。

すると、悪魔パーピーヤスは維摩につぎのようにいいました。

『居士よ、どうか天女たちをお返し下さい。菩薩というものは自分のものをすべて捨て、あらゆるものに執着心がないものなのですから』

維摩はいいました。

『悪魔パーピーヤスよ、天女たちを返してあげるから、連れ帰るがよい。そして、すべての人々の法への願いをかなえてあげて下さい』

〈燃え尽きない灯火という教え〉

すると、天女たちは維摩を礼拝してから、尋ねました。

『維摩居士さま、魔宮に帰ってから、私たちはどのように暮らしたらよいのでしょうか』

維摩はいいました。

『天女の皆さん、燃え尽きない灯火（無尽灯《むじんとう》）という教え（法門）[8]がありますので、あなた方はこの教えを学び行いなさい。それはなにかというと、天女の皆さん、たとえば一つの灯火から十万の灯火に点火されても、その最初の灯火は消滅することがありません。

それと全く同じように、一人の菩薩が十万人の人々を悟りのなかに導き入れても、その一人の菩薩の悟りへの意欲は無くなることがありません。無くならないばかりか、かえって増大します。

8　結局は魔宮に帰る事になった天女たちは、「もはや愛欲の生活には戻れない私たちは、これからどのように暮らしたらよいか」と聞きますが、これはとても重要なことだと思います。宗教的な真理を知ってからの暮らしぶりは、当然前とは違う筈だと彼女たちは考えたのです。これに対して、維摩は「無尽灯の教え」を説き、一人一人の悟りを求める心が他の人々を悟りに向かわせ、それが無限に広がって行くのである、と説いたのです。

同じように、彼がすべての正しい法を他の人々に説き明かせば説き明かすほど、すべての正しい法は増大して行くのです。これが、かの燃え尽きない灯火の教えという法門です。

天女の皆さん、あなた方は魔宮に帰って暮らすなら、計り知れないほど多くの天子や天女たちが、悟りを求める心を起こすよう説いて下さい。このようにすれば、あなたがたは、如来の恩に報いることになり、人々に利益を与えることになるでしょう』

そこで、天女たちはリッチャヴィ族の人・維摩の足に顔面を着けて礼拝し、悪魔と一緒に帰って行きました。尊師さま、維摩のこのような数々の神通を私はかって見たことがありませんでした。

このようなわけで、尊師さま、私にはとうてい維摩の病気見舞いに行くことはできないのでございます」

―④長者の子スダッタ…法の祭式とはどのようなものか―

そこで、尊師ブッダは長者の子スダッタにいわれました。[9]

9　スダッタはヴァイシャーリーの長者の息子とされていますが、経典作者は、ブッダの時代にコーサラ国の都シュラーヴァスティーの長者スダッタをイメージして創出した人物と思

「長者の子スダッタよ、君はリッチャヴィ族の人・維摩の病気見舞いに行きなさい」と。

このようにいわれたとき、長者の子スダッタもつぎのような過去の出来事をブッダに申しあげ、維摩の病気見舞いに行くことを辞退しました。

〈法の祭式とはなにか〉

「あるとき、私の父の屋敷で、すべての者たちに布施する大祭式を催したことがあり、私はすべての貧しい人々、苦しんでいる人々、すべての出家沙門、バラモン、貧苦に悩む人々、物乞いの人々のために七日にわたって布施を行っていました。その大祭式の最後の日である七日目に、リッチャヴィ族の人・維摩がそこにやって来て、私にいいました。

『長者の子スダッタさん、あなたが今しているようなやり方で祭式[10]を行ってはなりません。あなたは法の祭式、すなわち真理をす

われます。彼は祇園精舎を建ててブッダを迎え、また、身寄りのない人々によく布施したのでアナータピンディカ（「身寄りのない人に食を与える人」、給孤独）と呼ばれました。スダッタは「よく布施する人」の意味で、ヴァイシャーリーのスダッタも富豪の息子であって「よく布施する人」であることが、維摩から批判を受けるきっかけとなっています。

10　インドでは裕福な者が出家者や巡礼者、あるいは身寄りのない者に食べ物を施す習慣が古くからあり、今でもガンガー上流のヒンドゥー教の聖地ハリドワールなどに行けば、裕福な人々が巡礼者に食をふるまっている姿が見られます。このスダッタが関係した祭式は、インドの伝統的な法典に従い七日間

べての人々に与え導くための祭式をしなければならないのです。食べ物を布施する祭式が、一体何のためになるというのですか』[11]

そこで、私が『法の祭式とは、どのように行ったらよいのでしょうか』と尋ねますと、彼はこのように説きました。

『法の祭式とは、はじめも終わりもなく、それを行うことによってすべての人々を成熟させるもの、それが法の祭式です。それはどのようなものか、といえば、悟りの結果として大いなる慈しみの心が起こること、正しい法をしっかりと会得する結果として大いなる哀れみの心が起こること、すべての人々の喜びを知る結果として大いなる喜びの心が起こること、智慧を体得した結果として大いなる平等の心（捨）が起こることです。

法の祭式とは、また、静寂と自制によって布施という智慧の完成行が起こることであり、破戒の人々を成熟させることによって、持戒という智慧の完成行が起こること、すべての存在は無我であると知ることによって、忍耐という智慧の完成行が起こるこ

にわたって神々を祀り、あらゆる出家修行者や貧しい人々に食を施すもので、最終日の七日目に特に大規模な祭式と布施を行って、死後に神々の世界に昇れるように祈願する会です。維摩が現れて批判を加えるのは、その最後の日です。

11　仏教でいう布施には、食物や品物を施す財施と、悟りに至る教えを説く法施の二つがありますが、インドの伝統的な布施は、どちらかというと食べ物を施すことに重点があるようで、教えを説き示す「法の祭式」こそが真実の大祭式である、と維摩はいっているのです。ここで説かれる法施の内容は、慈・悲・喜・捨の四無量心や布施・持戒などの六つの智慧の完成行など、我が身を修めるとともに積極的に利他行を行うことを勧める教えが中心になっています。

と、悟りに向かって努力することによって、精進努力という智慧の完成行が起こること、心身から離れることによって、禅定という実践行が起こること、すべてを洞察する智慧を得ることによって、完全な智慧の実践行が起こることです。

また、身を慎み善を行おうとする決意が起こること、布施・愛語など人々に利益を与えようとする心が起こること、悟りを目指す修行のもととなる善根や功徳を積む行為が起こることなど、ブッダのすべてを知る最高の智慧（一切智《いっさいち》）を深く理解し、すべての正しい法を目指すことによって、悟りを得るためのあらゆる修行が現に行われていること、これが法の祭式というものなのです。

長者の子スダッタさん、このような法の祭式を行っている菩薩たちこそ、望ましい祭式の実践者であり、神々によっても世間の人々によっても尊敬される者となるのです』

〈真珠のネックレスの布施〉

尊師さま、かの居士がこのように説いているうちに、そのバラモンの集まりのなかの二百人がこの上なく正しい悟りを求める心を発しました。

私もまた、奇特なことだと思い、心が浄められたので、かの居士の足に礼拝し、十万金の価値があるネックレスを首からはずしてかの居士に差し上げましたが、彼はそのネックレスを受け取ろうとしませんでした。

そこで、私は『どうかこのネックレスを受け取って、どなたでもお好きな方に差し上げて下さい』といいました。

すると、彼ははじめてネックレスを受け取って二つに分け、その一方の部分を、この祭式に来ていた、世間のすべての人々から蔑《さげす》まれている、町で一番貧乏な人に与えました。そして、もう片方の部分を難勝如来《なんしょうにょらい》に捧げました。

そして、彼は神通力を使って、その祭式に参加しているすべての人々に〈陽炎《かげろう》という名の世界〉とその世界の教主の難勝如来の姿を見せました。そこで、人々はかの真珠のネックレスが、難勝如来の頭上に、四本の柱で支えられた、さまざまに美しい四角形の真珠の楼閣として現れているのを見ました。

維摩はこのような神変《じんぺん》を現してから、つぎのようにいいました。

『布施をする人（施主）が如来に対して尊敬の思いを持つのと同じように、町一番の貧乏な人に対しても、差別することなく平等に、その果報を期待することなく、大いなる哀れみの心で布施するならば、これこそ法の祭式を完成させることなのです』[12]と。

このとき、かの町一番の貧乏な人は、この不思議な出来事を見、維摩の教えを聞いて、この上ない正しい悟りを求める心を発したのでした。

このようなわけで、尊師さま、私にはとうてい維摩の病気見舞いに行くことはできないのでございます」

12　維摩がスダッタから布施されたネックレスを二分し、一つを町で一番の貧乏人に与え、もう一つを難勝如来に捧げたのは、およそ布施というものは平等でなければならないということを、身を以て示したのです。誰彼の区別なく、果報を期待せずに、ただ尊敬の思いや哀れみの心で布施するならば、これこそ法の祭式の完成といわれるのです。

第五章　維摩はなぜ病んでいるのか[1]
……文殊師利問疾品第五

そこで、ブッダはマンジュシュリー（文殊師利《もんじゅしり》）法王子《ほうおうじ》にいわれました。

〈文殊師利《マンジュシュリー》の病気見舞い〉

「マンジュシュリーよ、君はリッチャヴィ族の人・維摩の病気見舞いに行きなさい」と。

このようにいわれたとき、マンジュシュリーもまた、ブッダにつぎのように申しあげました。

「尊師さま、かの維摩居士という方は、まことに近づきにくい人です。深い教えの原理をよく説き明かし、どのような文にもどのようないい回しにも通じていて、その巧みな弁舌をだれも遮ることはできません。かのお方は智慧のはたらきも他に比べるものなく縦横無礙《じゅうおうむげ》、菩薩としてなすべきことはすべて完成していて、

1　『維摩経』というドラマの第二幕第一場に当たり、ここからが経典の趣旨を述べる中心部分（正宗分）とされます。舞台はヴァイシャーリーの町中にある維摩の自宅です。ブッダから維摩の病気見舞いに行く事を命じられた十大弟子も四人の菩薩たちも、それぞれがかつての苦い経験を語って辞退したので、最後にマンジュシュリーが見舞いに行くことになりました。そこで、初めて舞台の表面に出てきた維摩と「文殊の智慧」といわれるほどの智慧者マンジュシュリーとのあいだに、火花を散らすような対論が行われることになります。

すべての菩薩・すべてのブッダの悟りの深奥をきわめています。かのお方はすべての悪魔を何の苦もなく破り、大神通力を持ってヴァイシャーリーの町で縦横に活躍していて、智慧においても方便においてもずば抜けています。

かのお方は唯一絶対の真理の世界に到達していて、その真理のすばらしさを巧みな論法で説き示し、人々の能力を十分に開花させ、対論の仕方もよく心得ていて、相手の質問には決定的に答えます。したがって、僅かばかりの心構えでは、このお方を満足させることはできません。

それでも、私はかのお方の所に行き、ブッダのお力添えによって力の限り対論しましょう」[2]と。

そこで、この集まりのなかにいた大勢の菩薩たち、仏弟子たち、インドラ神やブラフマン神、天子や天女たちは

「マンジュシュリーと維摩居士との二人が対談するのだから、きっと教えの神髄をめぐる大きな対談となるにちがいない」

2　マンジュシュリーは維摩の力量を見てとり、一筋縄には行かない人だと知りながらも、力の限り対論しようと決意しているのです。ブッダの集会にいた人々が、一体どんな対論が始まるのかと思って、彼について行ったのは当然です。

と思いました。

このようにして、八千人の菩薩たち、五百人の仏弟子たち、インドラ神、ブラフマン神、その他無数の者たちが教えを聞くためにマンジュシュリーの後に従いました。マンジュシュリーは、これらすべての者たちに囲まれて大都市ヴァイシャーリーに入りました。

〈マンジュシュリー、空っぽの部屋に行く〉

そのとき、リッチャヴィ族の人・維摩はつぎのように思いました。

「マンジュシュリーが大勢の者たちに取り囲まれて、ここにやってくる。それでは、この部屋を空っぽにしておこう」と。

そこで、その部屋は空っぽになっていて、門番さえいませんでした。維摩が病気で寝ているベッドだけあって、外には椅子も坐具も何にも見あたりません。

マンジュシュリーが人々に囲まれて維摩の部屋に入ると、維摩はさっそくいいました。

「マンジュシュリーさん、本当によくいらっしゃいました。以前にお出でになったことも、お目にかかったことも、話をお聞きしたこともないお方に、今お会いできました」

マンジュシュリーはいいました。

「維摩居士さん、あなたのおっしゃる通りです。すでに来ている者がさらに来ることはなく、すでに去ってしまった者がさらに去ることはありません。何故かというと、来た者には来ることはなく、去った者には去ることはなく、また見られた者がさらに見られることはないからです。[3]

ところで、維摩居士さん、お加減はいかがですか。ご気分はいかがですか。お体が不調なのではありませんか。ご病気は快方に向かっておられますか。悪くなってはおられませんか。尊師さまは、

3　維摩はマンジュシュリーが見舞いに来るのを知って、部屋を空っぽにして待ちかまえ、彼が部屋に入るやいなや禅問答のような議論を仕掛けます。マンジュシュリーも対等に応じています。「すでに来ている者がさらに来ることはない」以下は、竜樹著『中論』の「去ることと来ることの考察」において、空と縁起を明らかにするために説かれる主張と一致します。

『苦痛はないのか。身体の痛みはないのか。体力が落ちてはいないか。身体の調子はどうなのか。体力は大丈夫なのか。気分はよいか。悪いところはないのか。気持ちよく過ごしているか』[4]

と、お尋ねになっておられます。

〈菩薩の病気は大慈悲より起こる〉

維摩居士さん、あなたの病気は何から生まれたのでしょうか。あなたに病気が起こってから、どれくらい経っているのですか。また、いつになったら治るのですか」

維摩はいいました。

「マンジュシュリーさん、人々の心の中に根本的な無知（無《む》明《みょう》）と生存にたいして執着する心がある限り、私のこの病気は続きます。すべての人々に病気がある限り、私の病気も続き、もしあらゆる人々に病気がなくなったなら、そのときはじめて私の病気もしずまるでしょう。何故かというと、マンジュシュリーさ

4　病床にある維摩にたいするブッダの見舞いの言葉です。とくに、痛みや気分を気遣っているブッダの気持ちを感じ取ることができます。

ん、菩薩が生死の苦しみの世界にいるのは人々のためであり、人々の病気は生死の苦しみによって起こっているのですから。だから、もしすべての人々に病気がなくなったら、その時はじめて菩薩の病気もなくなるでしょう。

たとえば、マンジュシュリーさん、金持ちの人の一人息子が病気になったとき、その両親もまた心配の余り病気になり、息子が苦しんでいる間は、両親も病み続けるようなものです。それと同じように、マンジュシュリーさん、菩薩はすべての人々を一人息子のように愛していますので、人々が病気になれば彼も病み、人々に病気がなくなれば、彼の病気もなくなるのです。

マンジュシュリーさん、あなたは、『あなたの病気は何から生まれたのでしょうか』とお尋ねになりましたが、菩薩の病気は大いなる慈しみの心と哀れみの心（大慈悲心）から生まれるのです」[5]

〈空《くう》でないものは何もない……空であるから空〉

5　「菩薩の病気は人々が病むことによって起こる」ということを説くこの部分は、『維摩経』のなかで最もよく知られ、かつ、重要な意味を表していま す。菩薩の病は大慈大悲から生まれるのですから、病む人が一人でもいる限り、菩薩は病み続けることになるのです。大乗の菩薩の基本的なありかたを示す文です。

マンジュシュリーはいいました。

「維摩居士さん、あなたの家は空っぽ（空）ですが、あなたには召使いの人もいないのですか」

維摩は答えました。

「マンジュシュリーさん、すべての仏国土も空っぽ（空）です」

「どうして空なのですか」

「すべての仏国土は空という本質（空性《くうしょう》）によって空なのです[6]」

「空という本質に、また何か空という本質があるのでしょうか」

「過ちの認識がないことが、空という本質の空ということです」

「空という本質は、認識されるものなのでしょうか」

「認識されるものもすべて空であって、空という本質が空という本質を認識することはありません」

「維摩居士さん、空という本質をどこに探し求めたらよいのでしょうか」

6　これも「空」についての問答です。維摩の部屋がなぜ空っぽなのかという問いに対して、この部屋だけではなくすべてのもの、全世界が空なのだ、と維摩はいっているのです。なぜ空なのかという問いには、全世界は本来空という本質（空性）を持っているから空である、といいます。全世界は本来空であるから、空として理解するほかはない、ということです。

「マンジュシュリーさん、空という本質は六十二の誤った見解のなかに求めるべきです」

「それなら、六十二の誤った見解は、どこに探し求めたらよいのでしょうか」

「それは如来の解脱のなかに求めるべきです」

「如来の解脱はどこに探し求めたらよいでしょうか」

「それはすべての人々の心が、悟りを得ようとして始めてはたらきだすことのなかに求めるべきです。

　ところで、マンジュシュリーさん、あなたは先ほど私に『あなたには召使いの人もいないのですか』とお尋ねになりましたが、実は、すべての悪魔やブッダの教えに批判を加えるすべての人々は、私の召使いなのです。何故かというと、悪魔たちは生死の世界をほめ讃える者であり、そして生死の世界は、菩薩の召使いであるからです。また、ブッダの教えに批判を加える人々は、誤った見解に陥っている者たちをほめ讃え、菩薩もまた誤った見解から離れようとしないからです」[7]

〈何が病気になるのでしょうか〉

マンジュシュリーが尋ねました。

「維摩居士さん、あなたのこの病気はどのようなものなのでしょうか」

維摩は答えました。

「私の病気は形もなく、見えもしないものです」

「その病気は、身体と結びついているものなのですか。それとも、心と結びついているものなのですか」

「それは、本来身体と別個のものであるから、身体と結びついているものではありません。心の本性は幻のようなものであるから、心と結びついているものでもありません」

「それでは、維摩居士さん、この身体を形成している地・水・火・風の四つの要素のうち、どの要素が病んでいるのですか」

7　逆説的な表現をしていますが、この世界に存在する者はすべて、悪魔であってもブッダの教えを誹謗する者であっても、彼らは菩薩たる維摩の召使いであり、悪として退けられるのではなく、維摩によって悟りへと導かれることになるのです。このような者たちこそ、菩薩としての維摩が親しく接して行かねばならない存在です。

「マンジュシュリーさん、すべての人々の病気は四つの要素のすべてから起こります。このように、すべての人々の要素が病気になれば、それによって私も病気になるのです。

〈病気見舞いの心得〉

ところで、マンジュシュリーさん、菩薩は病んでいる菩薩を、どのように見舞い慰めたらよいのでしょうか」

マンジュシュリーが答えます。

「この身は無常であると説いて慰問すべきですが、無常だからといって、この身を厭《いと》い執着しないようにと説いてはなりません。この身は苦しみであると説いて慰問すべきですが、この身を離れて涅槃の楽を願うようにと説いてはなりません。この身は無我であると説いても、人々を成熟させることをもって慰問すべきです。この身体は本来空寂であると説いて慰問すべきですが、この身体はまったく空無であると説いてはなりません。[8]

8　この「病気見舞いの心得」ともいうべき言葉は、今の私たちにも大切なことを教えてくれます。病床にあって懸命に苦しみに耐えながらも病気を治そうとしている人に、「この身は無常である」といってもよいが、この身を嫌い、捨ててしまいたい、さらには、死んでしまいたいというような気持ちを少しでも起こさせてはならない、というのです。菩薩は病床に伏す人に、ただこの身は無常であり無我であって、はかないものであると説くのではなく、むしろ自分の身が無常・無我であることを示して、しっかりした心を持って日々生きるよう励ますのがその努めとされるのです。

あなた自身が病むことによって、病気で病み苦しんでいる他の人々を哀れみ、遙か遠い過去世からの苦しみを思い起こし、人々のためになる行を積んできたことを思い出し、善根を積んできたことに思いを致し、本来浄らかであり、常に精進努力することによって医者のなかの王者となって、すべての人々のすべての病気を癒す者となるように、と説いて菩薩は病む菩薩を慰問すべきなのです[9]」

〈病中の菩薩の心得〉

マンジュシュリーは尋ねました。

「維摩居士さん、病気にかかっている菩薩は、自分の心をどのように制御すればよいのでしょうか」

維摩はつぎのように答えました。

「マンジュシュリーさん、病気の菩薩は自分の心をつぎのように制御しなくてはなりません。[10]すなわち、この病気は遙か遠い過

9　菩薩の利他行の基本は、この世にあって悩み苦しむ人々と同じ立場に立つこと、その人々と共感することであり、それが大悲と呼ばれます。そこで「自分自身が病むことによって、病気で病み苦しんでいる他の人々を哀れむ」ということは、大悲のはたらきです。私たちの場合も、自分が病気になって、始めて病気がどれほど人間の心身を苦しめる者なのか実感できるのです。「医王」となって病む人を癒すことは、高齢化社会においては、とくに重要となってきています。

10　ここからは菩薩が病気にかかったとき、自分の心をどのように制御したらよいのかといういわば「病中の菩薩の心得」が説かれ、次いで病気そのものをどのように見たらよいのかが

去からあるものではなく、誤った見方による行為の結果（業）から生まれるものであり、虚妄の認識や煩悩から生まれるものです。絶対的な真理からすれば、この世には病気の主体のようなものは何もないのです。なぜかというと、この身体は四つの元素で作られていますが、それらの元素のなかには主人となるものもないし、身体の作り手となるものもないからです。[11]

この身体には永遠不変の自我はなく、この病気と名付けられるものも、絶対的な真理からすれば認められません。ただ自我にたいする執着があるだけなのですから。それゆえに、自我に執着しないで、病気の根本をしっかりと知らなければなりません。

マンジュシュリーさん、それでは病いを断つとはどういうことかというと、我れありという思いと、我がものありという思いを断つことです。それはまた、どういうことかといえば、二つのものの対立を離れることであり、内も外もすべてを平等に見ることなのです。それはどういうことかといえば、自我と無我は平等で

説かれます。ここで取り上げられる病気は、生・老・病・死という人間存在にまつわる苦悩を代表する病苦のことです。

11　人々の病気の原因は、人間存在そのものの根源的な迷い（無明）と生存への妄執（有愛）であるとされますが、病気なるものの永遠に変わらない実体性、あるいは病気という実体があるわけではありません。もし、病気という実体があるとすれば、一度病気にかかると決して治らないことになってしまいます。病床にある菩薩は、我れあり我がものありというとらわれを離れて、病気の根本をしっかりと知ったうえで、自分の病気を修行の場として、病床にある人にも元気な人にも分け隔てなく、大いなる慈しみの心をもって接しなければならないのです。

あり、生死の世界と涅槃は平等であると見ることです。何故かというと、自我と無我、生死と涅槃はいずれも空《くう》であるからです。そこで、病気の菩薩がこのようにすべては平等であると見るとき、彼は病気と空という本質（空性）とは別のものと見ることはないでしょう。すなわち、病気そのものが空なのです。

マンジュシュリーさん、病気の菩薩は生・老・病・死の苦しみを離れるために、自分の心をこのように制御しなければならないのです。


〈大いなる哀れみの心を起こすこと〉

マンジュシュリーさん、また、病気の菩薩は『私の病気は真実のものではなく、実在しないのと同じように、すべての人々の病気もまた、真実のものではなく実在しない』と見なければなりません。病気の菩薩たちがこのように見るとき、すべての人々に対して、功徳を目当てとすることのない、大いなる哀れみの心が起こります。それは偶然に加えられた煩悩を断つために努力し、人々に対して大いなる哀れみの心を起こすこととは違うのです。なぜかというと、人々に対する大いなる哀れみの心によるとしても、功徳を目当てとするという思いがあるなら、菩薩たちは生存をくり返すことに嫌気がさすでしょう。これにたいして、功徳を目当てとする思いを離れた、大いなる哀れみの心によっては、菩薩たちは幾たび生死をくり返しても、疲れることはないでしょう。

マンジュシュリーさん、病気の菩薩はつぎのように見なければなりません。

『身体と心と病気とは、無常であり、苦しみであり、空であり、無我であると観ること、これが病気の菩薩の智慧（般若）である。また、身体の病いを完治しようと努力しながら、生死の苦しみの世界にあって人々の幸せのためにはたらくこと、これが病気の菩薩の救済の方法（方便）である。さらにまた、身体と病気と心とは相互にどちらが新しい（結果）とか古い（原因）とかいうことはなく、同時にはたらくものであると観ること、これが病気の菩薩の智慧である。身体と病気と心とのはたらきを完全に休止させないこと、これが病気の菩薩の人々を救済する方法である』[12]と。

〈何ものにも止まらない菩薩の心〉

マンジュシュリーさん、病気の菩薩は自分の心をこのように制御しなければなりませんが、制御することに止《とど》まっていてもいけないし、制御しないままにしていてもいけないのです。なぜかというと、自分の心を制御しないままにしておくなら、それは凡夫のやりかたであるし、制御することに止まっているなら、それは自分だけよければよいとする人々（声聞《しょうもん》）のやりかただからです。だから、病気の菩薩は自分の心を制御することにも、しないことにも止まっていてはなりません。何ものにも止まっていないということが、菩薩の境涯《きょうがい》なのです。

それは凡夫の境涯でもなく、煩悩を断ち切った聖者の境涯でも

12　病床にある菩薩は病気をどのように見るべきかということが、また、別の角度から述べられます。なかでも、自分の身体の病を完治しようと努めながらも、苦に充ちた生死の世界にあって利他のはたらきをしなければならない、とされるところに大乗の菩薩への限りない期待が感じられます。

ない。これが菩薩の境涯です。永遠の安らぎの世界（涅槃）に入りながらも、そこに止まってはいない。これが菩薩の境涯です。生死の苦しみを超えていながらも、苦しみの現実のなかで生きていること。これが菩薩の境涯です。これを要すれば、煩悩の根本を断ち切り、その残りさえもない境涯にありながら、苦しみや悩みのなかにある人々を導くために、この世ではたらくこと、それが菩薩の境涯なのです」[13]

維摩がこのように説いたとき、マンジュシュリー法王子とともに病気見舞いにやってきた八千の天子たちが、この上なく正しい悟りを求める心を起こしたのでした。

13　病気の菩薩の心得として説かれますが、実は、大乗の菩薩そのもののあり方が説かれています。それを要すれば、涅槃に入っていながら生死の世界にいる、煩悩を残りなく断ち切っていながら苦しみ悩む人々のためにこの世ではたらくのが菩薩である、ということです。

第六章　思慮を超えた解脱

（不可思議解脱）の教え[1]……不思議品第六

〈シャーリプトラは何を求めているのか〉

そのとき、マンジュシュリーの後について維摩の部屋に来ていた仏弟子のシャーリプトラは、「ここに来ている菩薩たちや仏弟子たちはどこに坐ったらよいのか。この部屋には椅子一つないではないか」と思いました。

すると、リッチャヴィ族の人・維摩は長老シャーリプトラの意向を察して、

「長老のシャーリプトラさん、あなたは教えの真理（法）を求めてここに来られたのですか。それとも、椅子がほしくて来られたのですか」

と、尋ねました。（シャーリプトラはやや憤然として）

「私たちは教えの真理を知りたくてここに来たのです。椅子が

1　第二幕の第二場に当たり、舞台も前章と同じヴァイシャーリーにある維摩の自宅の病室です。登場するのもマンジュシュリー菩薩をはじめとして仏弟子や菩薩たち、市民たちなど、郊外のアームラパーリー園から来た者たちです。ここで不思議、或いは不可思議といわれるのは、私たちの日常的な考えをはるかに超えたという意味で、維摩の悟りの境地、具体的には維摩の融通無碍な生き方を表します。『維摩経』は別名を『不可思議解脱法門』といわれるように、この経典の全編が、維摩の日常的な常識を超えた自由自在なはたらきを説くものといえるでしょう。この章でことさらに「思慮を超えた解脱」といわれるのは、維摩をはじめとする菩薩たちの境地、あるいは、はた

ほしくて来たのではありません」

と答えました。そこで、維摩はつぎのように説きました。

「長老のシャーリプトラさん、本気で教えの真理を求める者は、自分の身命をも惜しまないものです。まして椅子などを欲しがる筈はありません。[2]

〈真理を求めるとはどういうことでしょうか〉

長老のシャーリプトラさん、教えの真理を求める者はだれでも、個人を作りあげている五つの構成要素を求めることもないし、六つの感覚器官とその対象などを求めることもなく、欲界・色界・無色界を求めることもありません。そもそも教えの真理を求める者は、ブッダに執着することもなく、その教え（法）にも教団（サンガ）にも執着することがないのです。[3]

また、長老のシャーリプトラさん、教えの真理を求める者は、人生は苦であるということを知り尽くそうとせず、苦の原因を断

らきが日常を超えた「不思議なできごと」によって、表現されているからです。ここに説かれていることは、いわゆる「奇跡」を説こうとしているのではなく、あくまでも維摩や菩薩たちの心境やはたらきを、日常を超えたことがらによって、私たちに理解させようとしているのです。

2　シャーリプトラは立ったままで維摩とマンジュシュリーとの火花を散らすような問答を聞いていたのですが、少し疲れたと見えて、坐ろうにも椅子一つないではないか、とふと思いました。このシャーリプトラの心の動きを維摩が見逃すはずはなく、「真理を求めてここに来たのか、椅子が欲しくて来たのか」と、厳しい言葉を浴びせかけます。維摩のまえでは、油断

ち切ろうとも、苦を滅した境地を得ようともせず、悟りへの道を修めようともしません。なぜかというと、悟りの真理はあれこれ無益な議論をして知られるものではなく、文字では表すことのできないものだからです。『私は人生の苦を知り尽くそう。苦の原因を断ち切ろう。苦を滅した境地を実現しよう。悟りへの道を修めよう』と、言葉であれこれいっている者は、教えの真理を求めているのではなく、無益な議論をくり返しているだけなのです。

長老シャーリプトラさん、このように真理を求めようとするならば、あなたはどんな真理をも求めてはならないのです」[4]

維摩がこのように説くと、マンジュシュリーのあとについてやって来た人々のうちで、五百の天子たちは真理に対する浄らかな眼を開きました。

〈獅子座《ししざ》の不思議……巨大な獅子座が現し出される〉

そこで、リッチャヴィ族の人・維摩はマンジュシュリーに尋ね

も隙も見せられないのです。しかし、これはシャーリプトラがひたすら修行をしなければならない出家修行者だからであって、真理を求めるためには身命をも惜しんではならないといい切っています。経典作者は、真理の言葉を聞くために羅刹のまえに身を投じた雪山童子の故事を思い出したのでしょうか。

3　仏・法・僧は三宝といわれ、仏教そのものを表しています。だから、仏・法・僧に執着しないということは、仏教そのものに執着しないということです。仏教だけが唯一の真理であり、他の主張は間違っているとする態度は、大乗仏教では厳しく批判されます。

4　人生の苦しみや原因、それを滅する道などについて、ただ教えられた通りに行うだけで利

ました。

「マンジュシュリーさん、あなたは何十万もの、数え切れないほどの仏国土に遍歴しておられますが、そのうちのどの仏国土で、あらゆる徳性をそなえ非の打ちどころがない獅子座[5]を見られましたか」

マンジュシュリーは答えました。

「維摩居士さん、ここより東方の、三十六のガンガー河の流れの、砂の数にも等しいほど多くの[6]仏国土を過ぎて行くと、〈スメール山の旗〉（須弥相《しゅみそう》）という世界があり、〈スメール燈王《とうおう》〉（スメール山の光の王、須弥燈王）という名の如来がおられます。この如来の身長は八十四万ヨージャナで、その獅子座の高さは六十八万ヨージャナ[7]です。また、この国の菩薩の身長は四十万ヨージャナで、その獅子座の高さは三十四万ヨージャナです。このスメール燈王如来の仏国土である〈スメール山の旗〉という世界には、あらゆる徳性をそなえ非の打ちどころがない獅子座があります」

他行を考えず、あれこれ言葉で説いても、それは所詮無益な議論（戯論）に過ぎない、というのです。菩薩が目指すべきなのは言葉で求められる真理ではなく、人々を利益しようと務めることだけである、と維摩はいっているのです。

5　獅子座とは、古代のインドで国王や高僧などの貴人が坐る台座を、百獣の王たるライオンの坐る場所にたとえてこのようにいいました。仏教ではブッダが坐る座席を獅子座と呼びますが、維摩は菩薩たちに敬意を払ってブッダと同じ座席を用意しようとしたのです。

6　「ガンガー河の流れの砂の数にも等しいほど多くの」という表現は、ほとんど無限といってよいほどの数を表し、大乗経典でしばしば使われるものです。

そのとき、リッチャヴィ族の人・維摩は、かの仏国土の如来に対して、「三十二万の獅子座をお送り下さいますように」と、心に念じました。

するとたちまち、かの菩薩たちや仏弟子たち、インドラ神、ブラフマン神、天子たちがこれまで見たことのないような、広大で美しい獅子座が空中から降りて来て、維摩の部屋の中に難なく収まりました。色とりどりの三十二万の座席をいれた維摩の部屋は、それだけ広くなったように見えました。しかも、ヴァイシャーリの町が覆い隠されることもなく、この世界も四つの大陸も覆い隠されることなく、すべてがもとのように見えているのです。[8]

〈広大な獅子座に坐るには〉

そのとき、リッチャヴィ族の人・維摩はマンジュシュリーにいいました。

「マンジュシュリーさん、あなたはご自身の身体を獅子座の大

す。この宇宙の十方に無数の仏国土があり、それぞれの国土にブッダがいてその仏国土にふさわしい教えを説いている、という仏教の宇宙観にもとづいた表現です。

7　ヨージャナは古代インドの距離を表す単位で、漢訳経典では由旬（ゆじゅん）と音写されます。一ヨージャナは六～八キロメートル、或いは十三～十四キロメートルとも、歩兵の一日行程（約四〇キロメートル）ともいわれ、諸説があります。いずれにしても須弥灯王如来の身長は八十四万ヨージャナといわれるのですから、私たちにはとうてい想像できない、とほうもない大きさです。

8　荒唐無稽の世界を描いているように見えますが、これも大乗の菩薩の解脱の境地がいかに

きさにあうような高さにして、菩薩の方々と一緒にお坐り下さい」

するると、すでに神通力を得ていた菩薩たちは、自分の身長を四十二万ヨージャナに変えて、その獅子座に坐りました。しかし、初心の菩薩たちはその獅子座に坐ることができません。シャーリプトラを始めとする仏弟子たちも、また、獅子座に坐ることができません。

そこで、維摩はシャーリプトラにいいました。

「長老のシャーリプトラさん、どうぞ、この獅子座にお坐り下さい」

シャーリプトラが答えました。

「維摩居士さん、これらの獅子座は大きすぎて、私には坐れません」

「長老のシャーリプトラさん、あなたはかのスメール燈王如来を礼拝なさいませ。そうすれば、坐ることができるでしょう」

そこで、仏弟子たちはかのスメール燈王如来を礼拝すると、直

優れているかを、象徴的に表現したものと考えればよいと思います。

ちに獅子座に坐ることができました。

このような有様を見て、長老シャーリプトラは維摩にいいました。

「維摩居士さん、すばらしいことです。このように広大で美しい何千もの獅子座が、このように小さな家のなかに入り、しかもヴァイシャーリーの大都市が覆い隠されることもなく、この世界も四つの大陸も、村も町も集落も地方も王国も王都も覆い隠されることなく、神々もナーガ、ヤクシャ、ガンダルヴァ、アスラ、ガルダ、キンナラ、マホーラガも覆い隠されることなく、すべてがもととまったく同じように見えているとは！」


〈思慮を超えた悟りの境地とはどのようなものでしょうか〉

維摩はシャーリプトラにいいました。

「長老のシャーリプトラさん、諸如来と諸菩薩には〈思慮を超えた〉と名付けられる悟りの境地（不可思議解脱《ふかしぎげだつ》）があります。

この思慮を超えた悟りの境地にある菩薩は、山々の王たる高く広いスメール山を、一粒の芥子《けし》の種子の中に入れるのですが、その芥子粒が大きくなることもなく、スメール山が小さくなることもありません。しかも、スメール山のなかに住んでいる四大天王や三十三天の神々は、自分たちがどこに入れられたかに気づきません。しかし、神通力を持っている人々だけは、かの山々の王たるスメール山が芥子粒の中に入れられたことを知り、見ているのです。これが、長老のシャーリプトラさん、菩薩が思慮を超えた悟りの境地に入るということです。[9]

長老のシャーリプトラさん、また、思慮を超えた悟りの境地にある菩薩は、四つの大海のなかにある水のすべてを一つの毛穴に注ぎ入れますが、魚も亀もイルカも蛙も、その他の水に棲む動物たちは何ら被害を受けることなく、また、ナーガ、ヤクシャ、ガンダルヴァ、アスラたちも自分たちがどこに入れられたかに気が付きません。そうすることによって、どんな人々も被害を受ける

9　私たちの日常的な思慮を超えた悟り（不可思議解脱）の境地が、別の角度から説かれます。スメール山とは須弥山と音写され、妙高山と訳される、仏教の宇宙観で宇宙の中心にある巨大な山のことです。大海のなかにあって水面からの高さは八万ヨージャナ、その頂上に帝釈天をはじめとして三十三天の宮殿があり、日月はこの山の周りを回っているといわれます。スメール山はいわば極大（マキシマム）、それにたいして芥子粒は人間が見ることのできる極

ことはないのです。

長老のシャーリプトラさん、人々の中には量ることのできないほど永い生死を通して教化される者もいるし、短い生死の間に教化される者もいます。思慮を超えた悟りの境地に菩薩は、量ることのできないほどの永い生死を通して教化される人々を導くためには、七日を一劫（カルパ、無限に近いほどの時間の単位）が経過したかのように見せ、短い生死の間に教化される者を導くためには、一劫を七日が経過しただけのように見せます。そこで、量ることができないほどの永い生死を通して教化される人々は、七日間を一劫が過ぎたと思い、短い生死の間に教化される者は、一劫を七日が過ぎただけのように思うのです。

以上のように、長老のシャーリプトラさん、思慮を超えた悟りの境地にある菩薩は、一切の仏国土の徳性のすばらしいありさまを、一つの仏国土の中に現し出します。また、すべての人々を右手の掌に乗せて行って、〈心が迅速にはたらく〉という神通力に

小（ミニマム）です（ただし理論上の極小は極微）。大乗仏教の真理観からすれば、極大のスメール山も極小の芥子粒も、すべて実相法界とか真実法界とか呼ばれる真実世界にあります。両者は形こそ違うけれども、真実世界そのものです。しかも、この世に存在するものは、それぞれが個物としての独自性を保ちながら相互に他と対立したり、他のものが存在するのを妨げることなく、互いに調和して存在している。一粒の芥子の種になかにスメール山を入れてどちらにも増減がないというのは、このような大乗仏教の真理観を表しています。

よって、彼らにすべての仏国土を見せるのですが、もとの一仏国土から離れることはありません。

また、思慮を超えた悟りの境地にある菩薩は、十方の諸仏へのあらん限りの供養のすべてを一つの毛穴の中に現し出し、十方の月や太陽や星の姿をすべて一つの毛穴の中に現し出します。また、十方の仏国土を焼き尽くす終末期の火が燃えているとき、そのすべての火の集まりを自分の口の中に入れたとしても、その身は傷つくことなく、なすべき義務を果たします。[10]

長老のシャーリプトラさん、思慮を超えた悟りの境地にある菩薩は、同じようにすべての人々のために理想の帝王（転輪聖王《てんりんじょうおう》）の姿を現し出し、また、世界の守護者の姿、インドラ神の姿、ブラフマン神の姿、自分自身で悟りを開く者（独覚《どっかく》）の姿、ブッダの教えを聞くだけの修行者（声聞《しょうもん》）の姿、菩薩の姿を現し出します。また、十方諸世界の人々が出したあらゆる声を、ブッダの声として現し出し、それによって、すべてのものは無常であり、

10　すべての人々を右手の掌に乗せてすべての仏国土を見せるとか、十方の月や太陽を一つの毛穴の中に現しだす、終末期の火の塊を口の中に入れるなどと説かれていますが、これも奇跡を示したのではなく、不可思議解脱の境地にある菩薩の力量を表現したものと見るべきでしょう。

苦であり、空であり、無我であるという声が発せられるのです。これを要するに、十方の諸仏がお説きになった、そのすべての教えがこの音声から聞こえてくるようにするのです。

長老のシャーリプトラさん、以上は、思慮を超えた悟りの中にある菩薩の境地について、少しく入門の部分を説いただけであって、本格的に説くためには無限の時間が必要です」

〈マハーカーシュヤパ心のうちを述べる〉

このとき、長老のマハーカーシュヤパ（大迦葉《だいかしょう》）は、このような菩薩の思慮を超えた悟りの境地について聞き、驚き感心して長老シャーリプトラに語りました。

「長老シャーリプトラさん、この思慮を超えた悟りの境地の教えが説かれるとき、智慧ある者はだれであっても、必ずこの上なく正しい悟りを求める心を起こすことでしょう。それなのに、悟りへの能力を完全に断たれ、焼かれ破壊されて芽を出すことのない種のように、大乗に入る能力のない私たちは、いったいどうしたらよいのでしょうか。この思慮を超えた悟りの境地の教えを聞いて、あらゆる独覚や声聞は悲痛な声をあげ、その声は全世界に響き渡ることでしょう。[11]

それにたいして、すべての菩薩の方々は、喜んでこの教えを聞き、誇りを持って保持して、教えを信じ理解する力をいっそう強くすることでしょう。このような思慮を超えた悟りの境地にある菩薩にたいしては、どんな悪魔も何もすることができないでしょう」

長老マハーカーシュヤパがこのように説いたとき、三万二千の天子たちがこの上なく正しい悟りを求める心を起こしました。

〈悪魔の正体、それは思慮を超えた悟りの境地にある菩薩〉

そのとき、リッチャヴィ族の人・維摩は長老マハーカーシュヤパにつぎのようにいいました。

11　仏教思想の流れの中で、人の能力や素質に応じて悟りに導いて行く実践方法を乗り物に喩え、声聞乗・縁覚乗・菩薩乗としたことがありました。その際、ひとたび小乗と呼ばれる声聞乗とか縁覚乗の修行をして悟りに達した者は、大乗の乗り物に乗ることはできないという考え方のあったことを示しています。大乗に入る能力のない者などどこにもいないのですが、すでに煩悩を断ち切っている者には大乗の不可思議解脱を目指す資格はないと、大迦葉は本気で思っていたのです。ここには記されていませんが、大迦葉も維摩の言葉を聞くうちに自分の考えが誤っていたことに気づいたに相違ありません。

「長老のマハーカーシュヤパさん、十方の数え切れないほど多くの世界のなかで、悪魔たちがいて悪事を行っていますが、殆どすべての者が思慮を超えた悟りの境地にある菩薩なのです。彼らは巧みな方法で、人々を成熟させるために悪事を行っているのです。[12]

長老のマハーカーシュヤパさん、十方の数え切れないほど多くの世界のなかにいる菩薩に、物を乞い求める者たちがいます。たとえば、菩薩の手、足、耳、鼻、血、筋肉、骨、眼、頭などを、あるいは王権、王国、国土、あるいは妻、息子、娘、男女の使用人、馬、象、車、乗り物を、金、瑠璃、真珠、マニ宝珠などを、また食べ物、飲み物、風味あるもの、衣服などを〝どうしても欲しい〟と強く乞い求める者があれば、彼らはほとんどすべて、思慮を超えた悟りの境地にある菩薩なのです。

この菩薩たちは巧みな方法（方便）によって彼の菩薩たちを試し、人々を救済しようとする意志が堅固であることを、彼らに自

12　大乗の菩薩はこの世にあって、慈悲の心をもって人々を利益することに努めているのですが、特に不可思議解脱の境地にある菩薩は、方便の力によって悪魔となり、人々を成熟させて悟りを求める心を起こさせようとしているというのです。第四章で見たように、仏教において は、魔は邪悪な存在というよりは私たちが正しい道を歩み、善を行うのを妨げる者です。人々の悟りを求める心を強め、堅固なものにするために、菩薩はあえて悪魔となって彼らの修行を妨げ、それを乗り越えさせるのです。ですから、私たちの前に、無理難題をふきかける者が現れたら、その人を菩薩が自分を試しているのだ、と思って智慧と方便の力を駆使して対処しなければならないのです。

認させようとしているのです。[13]なぜかというと、長老のマハーカーシュヤパさん、思慮を超えた悟りの境地にある菩薩たちは、難行苦行によって、このように菩薩たちの意志を自認させるのです。ブッダに許されていないのに、悟りを得ていない普通の人が菩薩を困らせることはできません。

たとえば、長老のマハーカーシュヤパさん、蛍の光が日輪の光に打ち勝つことはできないように、普通の人には、許しを得ないで菩薩に近づくことも、物を乞い求めることもできません。また、たとえば、驢馬は象を打ちのめすことができないように、菩薩ではない者が菩薩を困らせることはできません。ただ、思慮を超えた悟りの境地にある菩薩だけが、何かを乞い求めて菩薩を困らせることができるのです。

長老のマハーカーシュヤパさん、これが、思慮を超えた悟りの境地にある菩薩は、人々を教化する手段を完全に知る力を身につけている、ということなのです」

13　不可思議解脱の境地にある菩薩は、悪魔となって私たちの利他の意志が本当のものかを試し、確認させるというのです。六つの智慧の完成行（六波羅蜜）の第一は布施行ですので、我が身を捨ててまで利他行ができるかが取り上げられるのです。手や足、眼、頭、あるいは妻、息子、娘などを乞う者がいたら、それは不可思議解脱の境地にある菩薩であるという記述は、『ジャータカ』（ブッダの前世物語）に記された出家前のブッダがバラモンに乞われるままにすべてを布施したという物語に由っています。

第七章　人間とは何か
天女、仏教の極意を語る……観衆生品第七[1]

〈人間をどのように見たらよいのでしょうか〉

そのとき、マンジュシュリー法王子はリッチャヴィ族の人・維摩に「維摩居士さん、菩薩はすべての人々をどのように見たらよいのでしょうか」と尋ねました。

それにたいして、維摩はつぎのように答えました。

「マンジュシュリーさん、たとえば、知恵を持つ人が水に映った月を見るように、菩薩は人々を見なければなりません。同様に、マジシャンがマジックで作り出した人を見るように、鏡に映った顔を見るように、あるいは、陽炎にあらわれた水、木霊の声、空中の雲の集まり、水の泡、芭蕉の茎の中の核、稲光、第五の元素、第七の感覚器官、物質を超えた世界（無色界《むしきかい》）の物質、腐敗した種から生まれた芽、亀の毛で作った衣服、死のうとしている者が

1　第二幕第三場に当たり、舞台は同じくヴァイシャーリーの維摩の自宅で、人間とは何かということが主題とされます。ここでは、まず人間が無常の存在であること、慈悲の意味、人生の拠り所、などが説かれた後に、天女が登場しシャーリプトラを相手として大活躍します。登場人物は維摩の他にマンジュシュリー、天女、シャーリプトラなどで『維摩経』のなかのハイライトの部分といってよいと思います。

遊戯を楽しむこと、はじめて聖者のながれに入った者（預流果《よるか》）に自我の意識があること、聖者の位に入った者（阿羅漢《あらかん》）に貪欲と怒りと愚かさがあること、どんな迫害にも耐える智慧（忍辱《にんにく》）を得ている菩薩に物惜しみ、戒を破ること、悪意、他人を傷つけようとする心があること、如来に煩悩の残りかすがあること、空中の鳥の足跡、夢に現れたものを目覚めてから見ること、等々のように、人々を見なければなりません。[2]

このように、マンジュシュリーさん、人間存在すべて無我であると弁《わきま》えて、すべての人々を見なければならないのです」

〈慈しみの心とはどういうものなのでしょうか〉

そこで、マンジュシュリーは「維摩居士さん、もし、菩薩がすべての人々をこのように見なければならないのであれば、このような人々に対して、どうして菩薩は大いなる慈しみの心を起こすのですか」と、さらに尋ねました。

2　人間とはどのような存在かということについて、様々な視点からの考察が行われますが、先ず第一は、人間とははかない存在であるということです。人間には永遠に存続するものは何一つなく、無常であるということは、すでに方便品において維摩自身が病身となり説いています。ここでは「どんな迫害にも耐える智慧を得ている菩薩に物惜しみなどの心があること」「如来に煩悩の残りかすがあること」などといっても、逆説ではなく、「空中の鳥の足跡」というのと同じで、存在しないものの例えです。

それにたいして、維摩はつぎのように答えました。

「マンジュシュリーさん、菩薩が人々をこのように見るとき、彼には〝これらの人々に、このように理解させるためには、この教えを説かなければならない〟という思いが生まれます。そこで、彼は人々にたいして、人々の真実の拠り所となる大いなる慈しみの心を起こすのです。[3]

それは、このような菩薩には執着の心がないから静寂の慈しみであり、煩悩がないから苦悩をはなれた慈しみであり、過去・現在・未来の区別がないから、ありのままの現実に即した慈しみであり、内と外の区別がないから無二の慈しみです。菩薩はダイヤモンドのように固く打ち砕かれることのない意欲を持っているから、堅固な慈しみであり、本性として浄らかであるから浄らかな慈しみであり、虚空に等しいものであるから平等な慈しみです。敵を破るものであるから阿羅漢の慈しみであり、人々を成熟させて倦《う》むことがないから菩薩の慈しみであり、真実（真如《しんにょ》）を悟っ

3　無常であり、はかない存在である人間にたいしては、菩薩は慈・悲・喜・捨の四無量心を持って接するべきことが説かれます。布施・持戒などの六つの智慧の実践行も、ここでは大いなる慈しみの心（慈）のはたらきに包みこまれています。

たのであるから如来の慈しみであり、眠っている人々を目覚めさせるからブッダ（目覚めた者）の慈しみです。

自ずから悟るのであるから自然の慈しみであり、愛着と嫌悪とを離れているから、どちらかに偏ることのない慈しみであり、大乗の教えを現し出すものであるから大乗の慈しみであり、すべてのものはそれぞれ空であり無我であると見るから、疲れを知らない慈しみであり、師の握り拳（師匠だけが持っていて弟子には漏らさない秘密の教え）はないから、だれにでも教えを与える慈しみであり、戒律を守らない人々をも見捨てないから、戒律を保たせる慈しみであり、自分も他人も守るものであるから忍耐の慈しみであり、あらゆる人々の重荷を背負うから精進努力の慈しみであり、禅定の喜びにひたりおぼれることがないから禅定の慈しみであり、時に応じて人々を導くから智慧の慈しみであり、人々をブッダの至福のなかに安住させるから至福の慈しみです。

マンジュシュリーさん、これが菩薩の大いなる慈しみの心なのです」

そこで、マンジュシュリーは尋ねました。

「菩薩の慈しみの心についてはよくわかりました。それでは、大いなる哀れみの心（大悲）とはどのようなものですか」

維摩は答えました。

「自分がこれまで積んできた善根のすべてを、すべての人々に与えることです」[4]

「菩薩の大いなる喜びとはなんですか」

「与えて喜び、後悔しないことです」

「一方に偏らない大いなる平静な心（捨《しゃ》）とはなんですか」

「他人と自分の両方の利益をもたらすことです」

〈菩薩の拠り所は何でしょうか〉

マンジュシュリーはさらに尋ねます。

「生死輪廻《しょうじりんね》を怖れる者は、何を拠り所としたらよいのでしょう

4　大いなる哀れみの心（悲）とは、菩薩がこれまで善根を積んできた、その果報をすべての人々に振り向けること、とされる点が重要です。他人と共感するだけではなく、自分が積んだ功徳を積極的に他人に与えようとするのです。

か」

維摩は答えました。

「マンジュシュリーさん、生死輪廻を怖れる菩薩はブッダの偉大な徳性を拠り所とすべきです」[5]

「ブッダの偉大な徳性のなかにありたいと願う者は、何の中にいたらよいのでしょうか」

「ブッダの偉大な徳性のなかにありたいと願う者は、すべての人々にたいして平等に接しようとすべきです」

「すべての人々にたいして平等に接しようとする者は、どうしたらよいのでしょうか」

「すべての人々にたいして平等に接しようとする者は、すべての人々を解脱させようとすべきです」

「すべての人々を解脱させようとする者は、人々を煩悩から解脱させるべきです」

「煩悩を捨てようとする者は、どのように修行したらよいので

5　「生死輪廻を怖れる菩薩」は、「生死輪廻を怖れる人」と読み替えることができます。そのような人には「ブッダの偉大な徳性を拠り所にすべき」と説き、ブッダに対する信仰を勧めていますが、その内容は「すべての人々に平等に接すべきである」から始まって、結局は正しく修行すべきであるということで、ただブッダを拠り所にすればよいとはいっていません。

すか」

「煩悩を捨てようとする者は、正しく修行しなければなりません」

「どのような修行が正しい修行ですか」

「生じることもなく消滅することもない、と知ることが正しい修行です」

「何が生じるのですか。また、何が消滅しないのですか」

「悪が生じないで、善が消滅しないのです」

「善と悪の根本は何ですか」

「個体としての身体が根本です」

「個体としての身体の根本は何ですか」

「個体としての身体の根本は欲望と貪りの心です」

「欲望と貪りの心の根本は何ですか」

「欲望と貪りの心の根本は誤った認識（虚妄分別《こもうふんべつ》）です」

「誤った認識の根本は何ですか」

「誤った認識の根本は道理に反する考え（顛倒想《てんどうそう》）です」

「道理に反する考えの根本は何ですか」

「道理に反する考えの根本は、依って立つ根拠がないこと（無《む》住《じゅう》）です」

「依って立つ根拠がないことの根本は何ですか」

「マンジュシュリーさん、およそ依って立つ根拠がないものに、どうして根本があるでしょうか。ですから、すべてのものは、依って立つ根拠がないという根本にもとづいているのです」


〈天女、天華《てんげ》を降らせる〉

そのとき、この維摩居士の家に、一人の天女がいました。彼女は菩薩たちのこのような問答を聞いて満足し、喜びの余りに自分の本当の身体を現して、これらの大菩薩たちや仏弟子たちの上に、天上の華をまき散らしました。[6] すると、菩薩たちの身体にふりかかった華はそのまま地上に落ちたのですが、仏弟子たちの身

6　維摩のマンジュシュリーとの問答も「すべてのものは依って断つ根拠はない、すなわち空である」という言葉で終り、二人とも黙ってしまいました。そのとき、突然一人の天女が絶妙のタイミングで空中に現れ、羽衣の裾をひらひらさせながら空中を舞い、天上の華を振りまき始めるのです。経典作者の非凡な文学的な才能を感じずにはいられません。

体にふりかかった華は、その身体にくっついて地上には落ちません。そこで、仏弟子たちは神通力によってその華をふり払おうとしましたが、どうしても落ちません。

それを見て、天女が長老シャーリプトラにいいました。

「長老シャーリプトラさま、どうしてこの華を振り払おうとなさるのですか」

シャーリプトラが答えました。

「天女さん、これの華が身に付くと、華で身を飾った様に見え、出家の身にはふさわしくないので、私は取り去ろうとしているのです[7]」

天女がいいました。

「長老のシャーリプトラさま、そのようにおっしゃってはなりません。なぜかというと、この華がふさわしくないということはありません。なぜなら、これらの華は考えたり善し悪しを思いはかることはなく、長老シャーリプトラさまの方が、考えたり善し

7　戒律の規定では、出家者は花輪で身を飾ったり、身体に芳香を付けたりすることは禁じられていますから、ブッダの教えに忠実であろうとするシャーリプトラが「華は修行者にふさわしくない」と思うのはむしろ当然です。しかし、維摩と同じ心境にある天女は、彼のそのような優等生であろうとするこだわりに批判を加えます。

悪しを思いはかっておられるからです。長老シャーリプトラさま、正しく説かれた教えと戒律によって出家したものに善し悪しを思いはかることがあれば、それこそブッダの教えにかなわないことなのです。それなのに、長老さまは華が身に付いたらよくないなどと考えたり、善し悪しを思いはかっておられます。しかし、考えることもなく、善し悪しを思いはかることもないこと、それこそブッダの教えにかなっているのです。[8]

ご覧下さい、長老さま。これらの菩薩の方々の身体に華が付かないのは、これらの方々が考えや善し悪しを思いはからう心を離れているからです。たとえば、恐怖心を持つ人々には悪霊が付け入ってくるように、生死輪廻を怖れる人々には色、声、香り、味、触れることの五欲が付け入ってくるのです。

煩悩の潜勢力（熏習《くんじゅう》）を今だに断ち切っていない人々の身体には、華が付着しますが、それを断ち切っている者には、華は決して付着しないのです」

8　天女は戒律を守ろうとすることよりも、「身を飾るように見えたらどうしよう」という分別意識が問題だといっているのです。仏弟子たちに降りかかった華びらが彼らの身体に付着して離れないのは、「身に付いたら困る」というような分別意識があるからです。菩薩たちに華びらが付着しないのは、彼らは散った華びらがたまたま身に降りかかったと感じているだけで、「戒律に触れたら困る」などという思いが全くなく、無心であることによる、と天女はいうのです。この話は大乗仏教の考え方をよく表していると思います。

〈天女との問答……悟りとはどのようなものなのでしょうか〉

そこで、長老シャーリプトラは天女に尋ねました。

「天女さん、あなたはどれほどの間、この家に住んでおられますか」

天女は答えました。

「長老さまがお悟りになられてからと同じ間です」

「天女さん、あなたはこの家に長い間、住んでいるのではありませんか」

「長老さまはお悟りになられてから、どれほど経つのですか」

すると、長老シャーリプトラは黙り込んでしまいました。

「長老さま、智慧第一の長老さまがどうして黙り込んでしまわれたのですか。今度はあなたが質問に答える番なのに、お答えにならないのですか」

そこで、長老シャーリプトラは答えました。

「天女さん、悟りとは言葉でいい表せないものです。それを、どういってよいのか、私にはわからないのです。」

「長老さま、あなたが文字でいい表しておられる、それらの文字がすべて、解脱の特質です。なぜかというと、その解脱とは内部にあるのでもなく、外部にあるのでもなく、また、その両者以外にあるのでもないからです。文字もまた、同様です。ですから、長老のシャーリプトラさま、文字を離れて解脱を説いてはなりません。なぜなら、解脱とは、すべての存在が平等であるということだからです」

「天女さん、貪りの心・怒り・愚痴を離れるから解脱するのではありませんか」

「貪りの心・怒り・愚痴を離れるから解脱するとは、自分の徳や果報を自慢する慢心のある人々に対して説かれたのであって、慢心のない人々にとっては、貪りの心・怒り・愚痴の本性そのものが、そのまま解脱なのです」[9]

9　伝統的な教えにこだわるシャーリプトラは三毒といわれる貪り・怒り・愚痴を離れることが解脱であると信じて疑いません。それにたいして天女は、慢心のある人（増上慢の人）にはそのように説かれるけれども、慢心のない人にとっては貪り・怒り・愚痴がそのまま解脱

そのとき、天女の説法に感じ入ったシャーリプトラは「すばらしいことです、天女さん。あなたは何を知り何を悟って、このような弁舌を得られたのですか」と、尋ねました。

天女は答えました。

「長老シャーリプトラさま、私は何も知ったことはなく、悟ったこともありません。だから、私にはこのような弁舌があるのです。私は何かを知った、あるいは、悟ったという思いがある人々は、ブッダによって適切に説かれた教えと戒律について慢心を持つ者といわれるのです」

〈大乗の家・維摩の部屋のありさま〉

「長老シャーリプトラさま、この維摩居士の家[10]のなかには常にブッダの教えの功徳ある香りが満ちています。ここにいる者たちはすべて維摩居士の教えを聞いていますから、ブッダの教えの功徳ある香りによって、悟りを求める心を起こして帰って行きます。

であるといいます。うぬぼれや独りよがりの心がない、真実の悟りを得ている菩薩にとっては三毒といわれる煩悩の本性そのものが悟りを表している。天女によれば現実世界と悟りの世界とは別のものではなく、存在するものすべてが解脱の姿を表しているからです。

10　維摩の家とは、声聞とか縁覚という言葉さえなく、ブッダの功徳の香りで満ちている「大乗の家」です。この家では常に六つの智慧の完成行が行われ、ここに来た者は、たちまち煩悩がなくなり、財宝に満ちた蔵が長老シャーリプトラさま、私はこの部屋に十二年の間住んでいますが、おおいなる慈しみの心と哀れみの心や思慮を超えた教えの話しを聞いただけで、声聞や縁覚についての話しを聞いたことはありません。

この維摩居士の家では、八つの不思議な事柄が見られます。たとえば、この家には金色の光が満ちていて昼夜の区別はなく、日月も現れません。また、この家に来た者はたちまち煩悩がなくなります。この家には、いつもインドラ神、ブラフマン神、他の仏国土からの菩薩たちが集まってきています。また、この家では、常に六種の智慧の完成行が説かれ、人々や神々によって音楽が奏でられていて、無量の教えを説く声が発せられています。この家にはすべての財宝をいっぱいにした大きな蔵が四つあり、貧乏な人々が来て持ち去ってもつきることがありません。また、この家には、この家の主がお願いするやいなや、たちまちシャカムニ如来、阿弥陀仏、阿閦《あしゅく》如来など、十方から数え切れないほどの如

あって貧しい人が来て持ち去っても尽きることがなく、しかもシャカムニ如来をはじめとする多くの如来がやって来ては、それぞれが特色ある教えを説いている、とされます。これは維摩が理想とする家、あるいは宗教的共同体といってよいと思います。

来がおいでになり、『如来の秘密』という教えをお説きになって、帰って行かれます。この家では、神々の世界やすべての仏国土の厳《おごそ》かで美しいありさまが見られるのです。

長老シャーリプトラさま、この維摩居士の家のありさまを見て、だれが声聞の教えを望むでしょうか」

〈シャーリプトラ、女性に変身する……男とは何か、女とは何か〉

このような天女の説法を聞いて感心したシャーリプトラは、伝統的な古い女性観を持っていたので、[11]つぎのように天女に尋ねました。

「天女さん、あなたは男性になって成仏する資格を十分にお持ちです。どうして男性にならないのですか」

それにたいして、天女は答えました。

「私は十二年の間、〈女性であること〉を探し求めてきましたが、今だにそれが得られません。長老シャーリプトラさま、たとえば

11　ブッダは養母マハープラジャーパティーが出家することを願い出たとき、当時の社会状況から男性修行者の保護下で修行することを条件に出家を認めました。この条件と古代インドの男尊女卑の社会的背景のなかで、仏教教団でも女性を低く見る傾向が生まれたことも事実です。しかし、大乗仏教では出家者も在家者も、男も女も、老いも若きも、ブッダの教えを信じて実行しようとする者は、すべて菩薩とされました。

マジシャンが女性を作り出したとして、その女性に〝あなたはどうして男性にならないのですか〟と尋ねたとしたら、その幻の女性は何というでしょうか。」

「マジックによって作り出されたものには実在性はありませんから、無意味です」

「同じように、長老シャーリプトラさま、マジックによって作り出されたもののように、すべての存在には実在性はありません。それでもなお〝あなたはどうして男性にならないのですか〟と、お尋ねになるのですか」

そのとき、天女は神通力を使って長老シャーリプトラを、この天女とまったく同じ姿に変えてしまい、自分は長老シャーリプトラと同じ姿になりました。そこで、シャーリプトラの姿になった天女が、天女の姿に変えられたシャーリプトラに尋ねました。

「長老シャーリプトラさま、あなたはどうして男性にならないのですか」

ただし、大乗経典の中には折衷的な考え方として、女性が悟りを開いてブッダになるには、いったん女性の身体を男性に変えなければならないという「変成男子」（へんじょうなんし）、あるいは「転女成男」（てんにょじょうなん）と呼ばれる説がありました。シャーリプトラはこの説を信じていたので、天女になぜ女身を変えて男にならないのかと聞いてしまったのです。大乗の菩薩である天女から痛い目に会わされるのは当然というべきでしょう。

女性の姿となったシャーリプトラは当惑していいました。

「どうして男性の姿が消えてしまい、女性の姿になったのか、私にはわかりません」

「もし、長老さまが女性の姿をもとに戻すことができるならば、すべての女性たちも女性としての姿を変えることができるでしょう。長老さまが本当は女性ではないのに、女性のように見えているように、すべての女性たちも本来女性ではないのに、女性の姿として見えているのです。このことを意味して、ブッダは〝あらゆる存在は女でもなく、男でもない〟とお説きになったのです」[12]

そのとき、天女はその神通力を捨てました。すると、長老シャーリプトラは元の姿に戻りました。そこで、かの天女はシャーリプトラにいいました。

「長老シャーリプトラさま、あなたの、作り出された女性の姿はどこに行ってしまったのですか」

「それは、作り出されたのでも変えられたのでもありません」

12　天女がいう十二年の間とは、彼女が維摩の家、すなわち大乗の家にいた期間を指します。大乗の人間観からすれば、男といい女といっても縁にしたがってたまたま男や女に生まれて来ただけであって、すべてブッダとなりうる本性を具えている点において平等です。天女はこのことを古い人間観に縛られているシャーリプトラに本当にわからせるために、相手の身体を変えるというラディカルな方法をとったのです。

「それと同じように、すべての存在も作り出されることもなく、変えられることもないのです。作り出されることもなく、変えられることもない、とブッダは説いておられます」

〈天女の正体と悟り〉

「天女さん、これからどれだけ経ったら、あなたは悟りを開くのですか」[13]

「長老さま、もしあなたが凡夫の性質を持つ者となられたら、そのとき、私は悟りを開くでしょう」

「天女さん、煩悩を捨てきった私が凡夫の性質を持つ者となることなど、あり得ないことです」

「それと同じように、長老シャーリプトラさま、私が悟りを開くこともあり得ません。なぜかというと、悟りとは依って立つ根拠がないところにあるものだからです。それゆえに、依って立つ根拠がないところでは誰であっても悟りを開くことはありませ

13　シャーリプトラは修行の末は阿羅漢と呼ばれる聖者の位に昇ることを目指していたので、どのような修行をどれだけして、いつ悟りを開くことができるか、ということにいつまでもこだわっているのです。これでは、日常生活と悟りは別ではないとする天女と、議論がかみ合わないのも無理はないと思います。

ん」

「天女さん、如来は〝ガンガー河の砂の数に等しいほどの如来が、かって悟りを開いた、今悟りを開いている、また、未来において悟りを開くであろう〟とお説きになっているではありませんか」

「長老シャーリプトラさま、ブッダは過去あり、現在にあり、未来にあるというのは、文字による世俗のいい方にすぎません。ブッダは過去になく、現在になく、未来にもないのです。なぜかというと、悟りは過去・現在・未来という三つの時間を超えたものだからです。ところで、長老さまは阿羅漢の位を得ておられるのですか」

「もちろんです。私は、得ることがないということによって、得たのです」

「それとまったく同じように、悟ることがないということによって、悟るのです」

そのとき、リッチャヴィ族の人・維摩はシャーリプトラにいいました。

「長老のシャーリプトラさん、この天女はこれまで数え切れないほど多くのブッダにお仕えし、最高の智慧を得ていて、神通力を身につけ、もはや退くことのない位に入っているのですが、この世で苦しんでいる人々を救済しようと誓いを立て、自らすすんで天女の姿を現しているのです」

第八章　ブッダの道を行くには　どうしたらよいか……仏道品第八[1]

〈菩薩は非道《ひどう》を行く〉

そのとき、マンジュシュリーはリッチャヴィ族の人・維摩に尋ねました。

「維摩居士さん、菩薩はどのようにしてブッダの教えに深く達することができるのでしょうか」

維摩が答えました。

「マンジュシュリーさん、菩薩が非道を行くとき、ブッダの教えに深く達することができるのです」[2]

「それでは、菩薩が非道を行くとはどのようなことですか」

「菩薩は五つの極悪非道の道（五無間業《ごむけんごう》）を行きながらも、悪意や殺意、敵意がありません。また、菩薩は地獄の道を行きながらも、すべての煩悩の塵《ちり》を離れています。動物の道（畜生道《ちくしょうどう》）

1　仏道品は第二幕第四場に当たり、舞台は同じく維摩の病室、天女とシャーリプトラとのやりとりが終って天女は姿を消し、登場するのは三万二千といわれる菩薩の指導者であるマンジュシュリーです。彼は菩薩たちの代表として、維摩に「菩薩はどのようにして仏道を歩めばよいか」という基本的なテーマを問います。この問題は、これまで幾度となく取り上げられたのですが、ここではさらに「道」と「非道」という観点から追求されて行きます。

2　マンジュシュリーが「仏道」の意味を尋ねたのに対して、維摩は「非道を行くこと」と答えているのです。非道とは文字通り「道ならざる道」、「行を行きながらも、無知の暗闇を離れています。アスラ（阿修羅《あしゅら》）の道を行きながらも、慢心・放縦・傲慢の心を離れています。ヤマの世界（地獄）の道を行きながらも、すべての福徳と智慧のもととなる善根を具えています。清らかな物質の世界（色界《しきかい》）や物質のない世界（無色界《むしきかい》）に行きながらも、そこに入り込んだままでいることはありません。貪欲の道を行きながらも、すべての欲望を享受することから離れています。怒りの道を行きながらも、すべての人々に対して怒りがありません。愚痴の道を行きながらも、すべてのものについて智慧によって見抜く心をもっています。

菩薩は、また、惜しみ貪り（慳貪《けんどん》）の道を行きながらも、自分の身も命も顧みないで、内外すべてのものを捨てて人々に与えます。戒律を破る人の道を行きながらも、わずかな悪事にも畏れをもってすべての戒律にしたがい、節制の生活をしています。悪意や怒りの道を行きながらも、究極的には悪意なく、慈しみの心でいます。怠惰の道を行きながらも、すべての善根を求めて努力し

うべからざること」の意味で、始めに「菩薩は五無間業を行っても悪意や殺意がない」と説かれます。五無間業（五逆罪ともいわれる）とは無間地獄に堕ちる大罪で、母・父を殺し、聖者(阿羅漢)を殺し、仏身を傷つけ、仏教教団を分裂させることをいいます。無間地獄とは、熱気で苦しめられるという八熱地獄の最下にある地獄で、七重の鉄の城に銅が煮えたぎっていて罪人はそのなかに突き落とされて、耐えられない苦しみを受けるといわれます。ところで、菩薩が地獄に堕ちた人々を救おうとするとき、自分自身で地獄の底まで降りて行き、しかも苦しみも汚れもないというのです。地獄の衆生に対してはともに堕ち、アスラのためにはアスラの道を行くのが菩薩の努めである、とされるのです。

ています。感覚器官が錯乱する道を行きながらも、本性として優れた禅定に入っています。劣った智慧の道を行きながらも、世間的な、あるいは世間を超えたすべての論書に精通し、智慧の完成行に従っています。偽善や阿諛追従《あゆついしょう》（こびへつらうこと）の道を行きながらも、巧みな方便によるはたらきをしています。

また、菩薩は煩悩の道を行きながらも、本性として清浄であって絶対的に煩悩に汚されることはありません。悪魔の道を行きながらも、ブッダのすべての教えについては他説に従いません。[3]声聞の道を行きながらも、すべての人々に未だ聞いたことのない教えを聞かせます。独覚の道を行きながらも、人々のために大いなる哀れみの心を現します。貧困の道を行きながらも、尽きることのない財宝を手に入れます。老いや病気のありさまを見せていますが、病気を根絶して死の恐怖を超えています。享楽の道を示しながらも、それを追い求めることなく、それらが無常であるとの思いを、くりかえし起こしています。異教徒の道を行きながらも、

3　菩薩が非道を行ずるというこの経典の特色を最もよく表すのは「魔界に入る」ということです。不思議品においても、この世で悪事を行っている悪魔は、その殆どが不可思議解脱の境地にある菩薩であると説かれましたが、ここでも趣旨は変わりません。仏教では魔は、煩悩魔、陰魔、死魔、天魔の四つがあるとされます。それぞれ、貪・瞋・痴などの煩悩が人

異教徒になることはありません。菩薩はあらゆる世間の道を行きながらも、そのすべての道から離れ、涅槃の道を行きながらも、生死の連結を捨てないのです。

マンジュシュリーさん、このようにするとき、菩薩は非道を行き、ブッダの教えに深く達したことになるのです」

〈如来の家系はどのようなものでしょうか〉

そのとき、リッチャヴィ族の人・維摩はマンジュシュリーに尋ねました。

「マンジュシュリーさん、如来の家系（種姓《しゅしょう》）とはどのようなものですか」

マンジュシュリーが答えました。

「維摩居士さん、この身体があるということ（有身《うしん》）が如来の家系です。同じように、無明と生存に対する妄執、貪欲・怒り・愚痴の三つの煩悩、四つの過ちの見解（四顛倒《してんどう》）、心を覆う五つ

間を苦しませていること、心身を構成している五要素（五蘊）が苦しみの原因となっていること、死、天魔パーピーヤスを意味します。このうち、はじめの四つは内魔と呼ばれ、常に私たちとともにいるものですから、魔界とは煩悩に苦しめられ、死の恐怖におののく人間世界にほかならないことになります。

奇抜・風狂で知られる禅僧・一休宗純は当時の名利に堕した禅を批判し、「この世は魔界である」との意識をもってあえて戒律を破ったりしました。一休は「仏界入り易く、魔界入り難し」という墨跡を残していますが、魔界に入ることの必要性を強く感じていた証拠であると思います。

の煩悩（五蓋《ごがい》）などが如来の家系であり、要約すれば、六十二の過ち（六十二見《ろくじゅうにけん》）の見解などが如来の家系なのです」

「マンジュシュリーさん、あなたは何を考えて、このようにいわれるのですか」

「維摩居士さん、絶対的な真理を見て、すでに涅槃が確定している者は、この上なく正しい悟りを求める心を起こすことはできません。それにたいして、煩悩の入れ物のようなこの世に在って、まだ真理を見ていない者こそ、悟りを求める心を起こすことができるのです。[4]

たとえば、維摩居士さん、ウトパラ・パドマ・クムダ・白蓮などの香りの高い蓮華は、乾いて固い砂地では芽を出しませんが、泥地や河の湿った中州では芽を出します。同じように、絶対的な真理を見てすでに涅槃が確定している人々のなかでは、ブッダの教えは芽を出すことはないのですが、煩悩という河の湿った中州や泥地にいる人々のなかでは、ブッダの教えが芽を出すのです。

4　汚れや雑多なものにまみれたこの世にあって、まだ真理を見ていない者こそ、悟りを求める心を起こすことができるという指摘は、『維摩経』の悟りについての考え方をよく表しています。煩悩のなかにあってこそ、ブッダの教えは芽を出すことができるというのです。そこで、すべての人々の煩悩がそのまま如来の家系ということになるのです。

また、たとえば、植物の種は空中では芽を出しませんが、地面にあっては芽を出します。それと同じように、絶対的な真理を見てすでに涅槃が確定している人々のなかでは、ブッダの教えは芽を出しませんが、スメール山のような我ありとの高慢な心（我《が》見《けん》）を起こしても、悟りを求める心を起こすならば、彼らの中でブッダの教えは芽を出すのです。

この道理によって、維摩居士さん、すべての人々の煩悩が、そのまま如来の家系であると、知るべきです。

たとえば、維摩居士さん、大海を渡ることなしには、値段が付けられないほど高価な宝石を手に入れることはできないように、煩悩という大海に入ることなしには、すべてを知る智慧を起こすことはできないのです」

〈マハーカーシュヤパの嘆き〉

そのとき、長老マハーカーシュヤパはマンジュシュリー法王子をほめ讃えていいました。

「すばらしいことです。マンジュシュリーさん、あなたがお説きになったこの言葉は真実です。人々の煩悩こそ如来の家系であることがよくわかりました。我々ごとき者に、悟りを求める心を起こす力がどうしてあるでしょうか。五つの極悪の罪を犯した者こそ悟りを求める心を起こし、ブッダの真実を正しく悟ることができますが、私がさらに悟りを求める心を起こすことはできません。

ブッダご自身の教えを聞き、すべての煩悩を断ち切って聖者となった者（声聞《しょうもん》）にとっては、すべてのブッダの真実も価値がなく、意味もありません。彼はそれらのブッダの真実を、さらにつかみ取ることができないのです。

そこで、マンジュシュリーさん、凡夫の人々は如来に感謝するけれども、声聞の人々はそうではありません。なぜかというと、凡夫の人々はブッダの徳性を聞いて三宝の家系を絶やさないようにと思って、この上なく正しい悟りを求める心を起こしますが、声聞の人々はブッダの十種の智力や四種の畏れのない智慧などの徳性を、一生のあいだ聞いたとしても、悟りを求める心を起こすことはできないからです」[5]

〈菩薩の家族や仲間は何でしょうか〉

そのとき、この家の集まりの中に、サルヴァルーパサンダルシャナ（普現色身《ふげんしきしん》）という名の菩薩がいて、リッチャヴィ族の人・維摩に尋ねました。

「維摩居士さん、あなたの父母、男女の召使い、使用人はどこにいるのですか。友達や親戚の人々はどこにいるのですか。あなたの侍者や馬、象、車、御者、乗り物などはどこにあるのですか」

このように、尋ねられたとき、維摩はつぎのような詩句で答えました。

「菩薩にとっては、智慧の完成行（般若波羅蜜）が母。巧みな方便が父。世を導く菩薩はこの両親から生まれる。[6]

5　不思議品においても、マハーカーシュヤパがいったん小乗といわれる修行をした結果、その教えの悟りに達したものは大乗に入ることができない、といって嘆く場面がありました。ここでも、彼はマンジュシュリーの言葉をほめ讃えながらも、まだ煩悩を断ち切ってしまっている自分たちは、さらに大乗の悟りを求めることはできないといっているのです。いったん聖者の位を返上し、凡夫と同じ立場に立って、悟りを求める心を起こせばよいのですが、彼にはブッダ亡き後の教団の指導者であったという自負心と、ブッダの言葉に対するとらわれの心があるために、凡夫に戻れないのでしょう。そんなことにとらわれる必要はどこにもないのですが。

真理の喜びが彼の妻、慈しみの心と哀れみの心が娘、
真実と教え（ダルマ）とが息子。空の意味を考えることが
その家である。
すべての煩悩は思い通りに従わせる弟子、
悟りへの七つの修行は友達。彼らによって優れた悟りに到達
する。
六種の智慧の完成行はいつも一緒にいる仲間たち。
人々を救うための四つの基本（四《し》摂法《しょうぼう》）は女性たちの部屋、
彼女らの歌はブッダの教え。
解脱は池、三昧の水が一杯になっている。
清らかな蓮が水面を覆っていて、そこで沐浴して身を清める。
神通は乗り物で、この上ない大きな乗り物。
その御者は悟りを求める心。彼らが行く道は静寂な八つの道
（八正道）。
彼らの飾りは、ブッダの三十二の優れたしるし（三十二相）

6　観衆生品で説かれた維摩の「大乗の家」の構成員たちが人々の前に明らかにされます。最初に説かれる、智慧の完成行が母、方便が父で、菩薩はこの両親から生まれた子というところが基本です。菩薩とは智慧の完成行（六波羅蜜）に努める人をいいますが、完成されるべき智慧は方便と一体になってはたらきだすものであり、そのうちのどちらが欠けても利他行は行われません。「菩薩は智慧と方便という両親から生まれる」という表現は、大乗経典に共通のものといってよいと思います。

と八十の小さなしるし（八十種好《はちじっしゅごう》）。慚《ざん》と愧《き》は衣服、善への意欲は彼の花輪。

四種の禅定[7]は寝床。清らかな生活のカヴァーで覆われている。智慧とはそこで目を覚ますこと。教えを聞いて心を集中している。

菩薩たちにとって、不死が食べ物、飲み物は解脱の味。

清らかな意欲によって沐浴し、香りを塗るのは戒を守ること。

〈菩薩の徳性はどのようなものか〉[8]

菩薩はあらゆる敬意をもって無数のブッダを導師として供養する。

しかし、自分自身とブッダとの間に、少しの相違があるとも思わない。

菩薩たちは幻のような存在のなかにあって、人々を成熟させるために、自分自身の身に老いや病気、死をも現し出す。

7　四種の禅定（四禅）とは四静慮ともいわれ、仏教の世界観のうちの色界（欲界を超えた清浄な世界ですが、まだ物質性が残っている所）において、禅定が深まって行く四段階をいいます。初禅（欲望を離れることによる喜び）と二禅（禅定から生まれる喜び）と三禅（普通の喜びを超えた真の喜び）そして四禅（苦楽を超越した境地）の四つで、四禅のそれぞれによって到達される世界があるとされ、四禅天と呼ばれます。

8　菩薩は現実の社会の隅々にまで出かけて行き、人々と一体となって利他行を行うことが具体的に述べられますが、方便品で説かれた維摩自身の徳性と完全に一致しています。

一国の中で無数の人々に同時に招かれても、
それらの家で食事のもてなしを受けて、すべての人々の心を
悟りに向けさせる。
呪術、学問、芸術など、何であっても、
その奥義を究めて、すべての人々に安楽を与える。
菩薩たちは人々のために、月にも太陽にもなり、インドラ神、
ブラフマン神などの神々にもなり、また、水、火、地、風に
もなる。
大戦争のまっただなかにあっては、菩薩たちは敵にも味方に
も平等な立場をとる。
大力の菩薩たちは両者の和合を強く望んでいるから。
菩薩たちは世間的な愛欲を楽しむさまを示しているけれど
も、禅定に入っている人々には、禅定の姿を現す。悪魔を支
配下に入れて寄せ付けない。
菩薩は男たちを引き寄せるために遊女にもなり、

愛欲の鉤《かぎ》で誘ってブッダの智慧の中に居させる。

菩薩たちは人々に利益を与えるためには、いつでも村長にも商隊長にも、王の指導者、大臣、宰相にもなる。

貧乏な人々に対しては、尽きることのない財宝となり、彼らに布施して悟りを求める心を起こさせる。

恐怖にうちひしがれた人々にたいしては、常にその前に立ち、彼らを安心させて悟りにむかって成熟させる。

このように、幾百万劫というような無限に長い時間をかけようとも、すべてのブッダによってさえ、これらの菩薩たちの徳性を説き尽くすことはできない。

智慧を持たない劣った人々を除いて、聡明な人々であれば、この教えを聞いて、無上の悟りを願わない人がいるであろうか」

第九章　絶対の世界に入る……入不二法門品第九

〈「二にして一」をめぐる菩薩たちのシンポジウム〉[1]

そのとき、リッチャヴィ族の人・維摩は、これらの菩薩たちに「優れた方々よ、菩薩が不二の法門に入るとは、どういうことかを、お一人ずつお話し下さい」といいました。[2]

すると、ここにダルマヴィクルヴァナ（法自在《ほうじざい》）という名の菩薩がいて、つぎのように答えました。

「維摩居士さん、生じることと滅することとが、対立する二つです。しかし、生じることなく起こることもないものが滅することは、まったくありません。存在するものは生ずることがないと確信すること（無生法忍《むしょうぼうにん》）、これが不二に入ることです」

シュリーグプタ（徳守《とくしゅ》）菩薩〈我と我所の不二〉

「我あり、我がものありということ、これが対立する二つです。

1　入不二法門品は第二幕第五場に当たり、舞台は同じく維摩の病室です。ここでは維摩とマンジュシュリーのほかに、三十一人の菩薩たちが登場して、「不二とは何か」についてそれぞれが自説を述べ、最後に維摩が沈黙をもって答える、という展開です。ここでは、マンジュシュリーを含めて合計三十二人の主張のうち、比較的理解しやすい二十一人の主張を取り上げて紹介しました。

2　インド正統派哲学といわれるうちのヴェーダーンタ学派では、絶対者ブラフマンはどのような限定をも許さない絶対無差別の実在であるという、不二一元論（アドヴァイタ）が説かれ

我ありと誤って考えることがなければ、我が物という思いもなくなります。誤って考えることがないこと、これが不二に入ることです」

シュリークータ（徳頂《とくちょう》）菩薩〈浄と不浄の不二〉

「汚れということと浄らかということ、これが対立する二つです。汚れということを完全に知れば、浄らかという間違った観念はなくなります。すべての間違った観念の打破に導く道、これが不二に入ることです」

スバーフ（妙臂《みょうひ》）菩薩〈菩薩の心と声聞の心との不二〉

「菩薩の心と声聞の心ということ、これが対立する二つです。それらが幻の心に等しいと見るとき、そこには菩薩の心もなければ声聞の心もありません。そのように、心は同じ性質を持っていること、これが不二に入ることです[3]」

シンハ（獅子《しし》）菩薩〈罪と無罪との不二〉

「罪と無罪ということ、これが対立する二つです。何ものをも

ました。ここで不二（アドヴァヤ）というのは、言葉は似ているけれどもその意味はまったく違い、「二にして一」「二であって一であること」というほどの意味を表しています。「不二」という場合の「二」とは、善・悪などが対立的にあること、或いは、対立的にとらえられていることを意味し、「不二」はその対立がないことです。大乗仏教では、現実の世界のほかに寂滅の境地があるとは考えず、善と悪、浄と不浄、一と多などが対立している、この複雑にして雑多な現実のなかに理想の境地を求めています。

そこで、二つのものの対立がそのまま一つという意味で「不二」というのです。日常生活では、善と悪、生と死、美と醜、正統と異端などが対立的にとらえられていて、これが原因と

打ち砕くヴァジュラのような智慧によって見れば、縛られることも解き放されることもない、これが不二に入ることです」

シンハマティ（獅子意《ししい》）菩薩〈煩悩があることと煩悩がないことの不二〉

「これは煩悩があり、これは煩悩がないということ、これが対立する二つです。存在するものは平等であるということを知れば、煩悩があるとか煩悩がないとかという思いは起こらず、また、起こらないのでもない、これが不二に入ることです」

スカーディムクタ（浄勝解《じょうしょうげ》）菩薩〈幸と不幸との不二〉

「これは幸福、これは不幸ということ、これが対立する二つです。まったく浄らかな智慧によって、幸不幸をはなれた虚空のように平等な心となること、これが不二に入ることです」

ナーラーヤナ（那羅延《ならえん》）菩薩〈世間的なものと世間を超えたものとの不二〉

「これは世間的なもの、これは世間を超えたものということ、

なって対立・抗争、果ては衝突さえ起こることも珍しくありません。それを考えると、この「不二とは何か」という議論は現実味を帯びてきます。

3　ここでも声聞乗が話題として取り上げられていることからすれば、大乗経典が作り始められたころまで、人間を能力や才能によって声聞乗・縁覚乗・菩薩乗に分ける考え方が一般に行われていたのでしょう。シャーリプトラやマハーカーシュヤパに「声聞乗で悟りを開いた者は大乗の悟りを求めることができない」などと語らせているところもありますが、『維摩経』の立場からすれば、スバーフ菩薩が説くように、人の心は本来空であって菩薩の心とか声聞の心というようなものはないのです。

これが対立する二つです。世間的なものは本性として空ですから、そこでは何ものも超えることはなく、入ることもなく、出ることもありません。入ることもなく、出ることもないこと、これが不二に入ることです」

ダーンタマティ（善意《ぜんい》）菩薩〈輪廻と涅槃との不二〉

「輪廻があり、涅槃があるということ、これが対立する二つです。輪廻それ自体の本性を見れば、何ものも輪廻することはなく、涅槃に入ることもありません。このように知ることが、不二に入ることです」

サマンタグプタ（普守《ふしゅ》）菩薩〈我と無我との不二〉

「我ありということと無我ということ、これが対立する二つです。我の本性を知らない者が、どうして我はないと知ることができるでしょうか。我の本性を見る者は我と無我を対立する二つのものとして見ない、これが不二に入ることです」

ヴィディユッデーヴァ（雷天《らいてん》）菩薩〈知と無知との不二〉

「知と無知（無明）ということ、これが対立する二つです。無知の本性は、そのまま知なのです。また、無知というものは、すべて本性として計測できないものであり、計測の道をはるかに超えています。このことを理解すれば、知と無知は対立する二つではないと理解することになる、これが不二に入ることです」[4]

プリヤダルシャナ（喜見《きけん》）菩薩〈色と色空との不二〉

「もの（色）と空ということ、これが対立する二つです。ものはそのままで空なのであって、ものが滅することによって空となるのではありません。ものは本性として空なのです。同じように感受・想念・意志・識知力が、すなわち空性であるということ、これが不二に入ることです。識知力についていえば、識知力がすなわち空なのであり、識知力が滅することによって空となるのではありません。識知力が本性として空性なのです。執着の元となる五つの構成要素（五取蘊《ごしゅうん》）について、智によってこのように知ること、これが不二に入ることです」

4　煩悩があることと煩悩がないことの不二（シンハマティ菩薩）、世間と出世間の不二（ナーラーヤナ菩薩）、輪廻と涅槃の不二（ダーンタマティ菩薩）、我と無我の不二（サマンタグプタ菩薩）、知と無知の不二（ヴィディユッデーヴァ菩薩）は、同じ趣旨の発言です。この世は汚れや苦悩に満ちていますが、この世のほかに安楽の境地を求めるのではなく、悟りの境地を得ていても、この俗世にあって煩悩を持ちながら利他行に励むのが大乗の菩薩である、という維摩の教えにかなった見解です。

アクシャヤマティ（無尽意《むじんに》）菩薩〈布施と一切智への回向との不二〉

「布施することと、その結果としての功徳をすべてを知る智慧（一切智）にさし向けること、これが対立する二つです。ところで、布施の本性そのものがすべてを知る智慧であり、すべてを知る智慧の本性そのものが、布施の功徳をさし向けることなのです。同様に、戒を守ること・忍耐・精進・禅定・智慧と、その功徳をすべてを知る智慧にさし向けること、これが不二に入ることです。智慧の本性そのものが、すべてを知る智慧であり、すべてを知る智慧の本質そのものが、功徳をさし向けることなのです。この二つが一つであるという道理に入ること、これが不二に入ることです」

ガンビーラブッディ（深慧《じんえ》）菩薩〈空と無相と無願の不二〉

「空性《くうしょう》（すべては空であると観じること）と無相《むそう》（空である存在には固定的なすがたはないと観じること）と無願《むがん》（空・無相であるからなにものも願うべきものがないと観じること）とは別個

であるということ、これが対立する二つです。しかし、およそ空であるものには、どんな固定的すがた（相）もありません。固定的なすがたがないとき、願うべきものはありません。願うべきものがないときには心も思考（意）も認識（識）もはたらきません。このように、空・無相・無願という三つの解脱への入り口（三解《さんげ》脱門《だつもん》）を一つのものと見ること、これが不二に入ることです」

シャーンテーンドリヤ（寂根《じゃくこん》）菩薩〈仏・法・僧の不二〉

「ブッダ（仏）と教え（法）と教団（僧）とは別個のものであるということ、これが対立する二つです。ブッダの本性は教え（ダルマ）であり、教えの本性は教団です。これらの三宝はすべて絶対的なもの（無為《むい》）であり、絶対的なものは虚空のように区別できません。そしてすべての存在は虚空に等しいと知ること、これが不二に入ることです」

プニヤクシェートラ（福田《ふくでん》）菩薩〈福行と罪行と不動行との不二〉

「幸福を生む行いと、罪深い行いと、どちらでもない行いということ、これが対立する二つです。そして、幸福を生む行いと罪深い行いとどちらでもない行いは、本質的に空であり、そこには幸福を生む行いもなく、罪深い行いもなく、どちらでもない行いも、それらがはたらくこともありません。このように考えること、これが不二に入ることです」

パドマヴィユーハ（華厳《けごん》）菩薩〈自我より起こる対立の不二〉

「自我へのとらわれから起こる対立が、対立する二つです。しかし、自我の本質を完全に知る者は、対立する二つという思いを起こしません。不二ということを知る者が対立する二つという思いを持たないこと、これが不二に入ることです」

チャンダローッタラ（月上《がつじょう》）菩薩〈暗闇と明かりとの不二〉

「暗闇と明かりということ、これが対立する二つです。しかし、暗闇もなく明かりもないということ、これが不二です。なぜかというと、たとえば、心のはたらきがすべてなくなった禅定（滅尽《めつじん》定《じょう》）に入った者には、暗闇も明かりもないように、すべてのものはそれと同じ性質をもっています。この平等であることを知れば、これが不二に入ることです」

ラトナムドラーハスタ（宝印手《ほういんしゅ》）菩薩〈涅槃と生死輪廻との不二〉

「涅槃を喜ぶことと生死輪廻を嫌うこと、これが対立する二つです。涅槃を喜ぶこともなく、生死輪廻を嫌うこともないこと、これが不二です。なぜかというと、束縛があるときには、それより解脱することもあるでしょうが、まったく束縛されていない者がどうして解脱を求めるでしょうか。束縛もなく解脱もない修行者は、涅槃を喜ぶこともなく、生死輪廻を嫌うこともありません。[5] これが不二に入ることです」

マニクータラージャ（珠頂王《じゅちょうおう》）菩薩〈正道と邪道との不二〉

「正しい道と邪な道ということ、これが対立する二つです。しかし、正しい道に入っている者が邪な道に入ることはなく、邪な道に入らない者には、正しい道という思いも邪な道という思いもありません。これらの正邪の思いを完全に知る者には、ふたつの

5　ラトナムドラーハスタ菩薩の、人の心はもともと束縛されていない、という趣旨の発言は重要です。維摩の家で、天女の降らした華びらがシャーリプトラの身体に付着して落ちなかったように、人は自分の欲望や自我の意識で自身を束縛しているのです。また、大弟子の一人で持戒第一といわれたウパーリに、もともと罪のない者に罪を負わせてはならない、と批判した維摩の言葉を思い出します。涅槃を喜ぶことと輪廻を嫌うことの不二、正道と邪道の不二、真実と虚偽の不二など、すべてこの経典の教えに沿った発言です。

対立という考えは起こりません。これが不二に入ることです」

サティヤナンディー（楽実《ぎょうじつ》）菩薩〈真実と虚偽との不二〉

「真実と虚偽ということ、これが対立する二つです。しかし、真実を見る者も、真実をそのまま見るのではありません。まして、どうして虚偽を見ることがあるでしょうか。どうしてかといえば、真実は肉眼で見るものではなく、智慧の眼で見るものだからです。それについて見ることもなく見ないこともないこと、これが不二に入ることです」

〈維摩、黙して語らない〉

以上のように、その席にいる菩薩たちは皆、それぞれ自分の見解を述べ終わってから、マンジュシュリー法王子に「マンジュシュリー法王子さま、菩薩が不二に入るとはどういうことですか」と尋ねました。それに対して、マンジュシュリーは答えました。

「優れた菩薩の皆さん、皆さんの説はそれぞれ正しく、その通りなのですが、しかし、皆さんが説かれたことは、すべて不二ではありません。言葉で説くことを離れ、すべての教えを説かず、語らず、釈明せず、説明せず、いい表わさないこと、これが不二に入ることとなのです[6]」

このようにいってから、マンジュシュリーは維摩にいいました。

「維摩居士さん、私たちはそれぞれ自分の見解を述べました。あなたも、不二に入るとはどういうことかを、お話下さい」と。

そのとき、リッチャヴィ族の人・維摩は、沈黙して一言も語りませんでした。[7]

すると、マンジュシュリーは維摩の沈黙の意味を察して、維摩を讃えていいました。

「すばらしいことです、維摩居士さん。これこそ本当に不二に入ることです。そこには、文字もなく、言葉もなく、心がはたらくこともありません」

このように説かれたとき、そこにいた五千の菩薩たちが「不二

6　菩薩たちのいうことはすべて正しく間違った所は何もないのですが、マンジュシュリーの目から見ると、彼らは不二といううちの「二」にとらわれて、言葉を尽くして語っていて真実には、不二に入ることとは、言葉も思考も絶えた心行処滅（しんぎょうしょめつ）の境地となることである、というのです。

7　マンジュシュリーが「文字や言葉では表せない」といったことを受けて、維摩はその境地を沈黙という態度で表したのです。しかし、維摩はいきなり沈黙したのではなく、三十一人の菩薩がそれぞれの見解を述べ終わった後に、マンジュシュリーが菩薩の代表として文字も思考も絶えた境地であるという結論を出した、それに対して維摩は沈黙で認可を与えた、と読むべ

の法門」に入り、存在するものは不生であるという確信を得たのでした。

きだと思います。禅宗では「維摩の一黙、響き雷の如し」といわれますが、あらゆる角度から議論をし尽くした後の沈黙であるからこそ、雷鳴のような威力を発揮するといってよいと思います。

第十章　香りの国の食事と娑婆世界の菩薩たち……香積仏品第十[1]

〈食事を気にするシャーリプトラ〉

そのとき、長老シャーリプトラは「そろそろ昼時だというのに、これらの菩薩の方々は席を立とうとしない。これらの方々はどんな食事をするのだろう」と思いました。[2]

すると、リッチャヴィ族の人・維摩はシャーリプトラが思っていることを知って、彼にいいました。

「長老のシャーリプトラさん、あなたはブッダがお説きになった八つの解脱[3]を味わい楽しんでいればよい。食事のことに心を奪われて教えを聞くものではありませんよ。でも、少しの間、お待ちになって下さい。そうすれば、あなたがこれまで食べたことのないような食事を差し上げます」

1　香積仏品は『維摩経』というドラマの第二幕の終りとなる第六場に当たります。舞台は前幕と同じ維摩の病室、登場人物も前と同じですが、なかほどで「香りの国」からの菩薩たちが加わります。ここでは、私たちの住む娑婆世界と香りの国とが対比して説かれています。

2　維摩の家で朝早くから行われた維摩とマンジュシュリーとの対論や、菩薩たちが「不二とは何か」などについて見解を述べるのを聞ているうちに、時間が経ってしまい、シャーリプトラは食事の時間が気になり出しました。智慧第一と称された謹厳実直なシャーリプトラが食事の心配をしているのですから、何か滑稽な感じがしますが、これには理由があるのです。ブッ

〈衆香《しゅこう》世界と香積《こうしゃく》如来の出現〉

そこで、維摩は禅定に入り、それによって神通力を現わして、つぎのような世界を人々に見せました。

すなわち、この私たちが住む仏国土から上に向かって、ガンガー河の四十二の流れの、砂の数ほど多くの仏国土を越えて行くと、香りの国（あらゆる香りの中で最もよい香りがあるところ）という名の世界（衆香国）があります。この世界を、維摩の部屋にいる菩薩たちや仏弟子たちに現し出して見せたのです。

その香りの世界には、ガンドーッタマクータ（最上の香りの集まり）という名の如来（香積如来）が今も住んでおられます。この仏国土では、あらゆる仏国土に住む神々や人々の香りよりもはるかに優れた香りがただよっています。この国では、声聞や縁覚というような名称さえなく、浄らかな菩薩の集まりだけがあって、彼らのために、かの国の如来は教えを説いておられます。また、この国では、すべての家屋や道、遊園などはすべてよい香り

ダの教団では、出家者が食事を摂るのは正午までの間に限られ、それ以外は非時食（ひじじき）として禁止されていたからです。

3　八つの解脱とは滅尽定（めつじんじょう）という、心のはたらきをすべて滅し尽くした無心の境地に至る八種の禅定をいい、このなかでは食事は禅定を妨げるものとされています。維摩はシャーリプトラを「食事を考えながら教えを聞くものではない」と厳しく戒めてから、これまで食べた事のない食事を用意することを約束します。

からなっています。その国の菩薩たちが食事をとると、その香りは無数の世界いっぱいに満ち広がります。[4]

ちょうどそのとき、香積如来はこの国の菩薩たちと一緒に、食事をとろうとしておられました。そこにはガンダヴィユーハーラ（香りで飾られた食事）という名の、大乗に入った天子がいて、ブッダや菩薩たちにお仕えしていました。

維摩の部屋にいる人々はすべて、かの世界でブッダや菩薩たちが食卓に坐っているのを見ました。

〈化身の菩薩、香りの国に食事をもらいに行く〉

そのとき、維摩はここにいるすべての菩薩たちに「あなたがたのなかで、どなたか、あの国へ行って食事を貰ってきてくれる方はおられませんか」と尋ねました。しかし、マンジュシュリーの法力がはたらいているので、だれも行こうとはしませんでした。

そこで、維摩はマンジュシュリーに「お仲間がこのようでは、

4　維摩が菩薩たちや仏弟子たちに現し出して見せた衆香国は、香積如来が説法している国で、そこでは人間を能力や才能などで区別して声聞の道とか縁覚の道とするようなことは全くなく、山・河・家・住む人々・その食事まで、すべてが芳香を放っています。いわば「香りの国」であり、理想とする国を香りで一杯の国としたところに、この経典の巧みな方便と文学性が感じられます。

あなたは恥ずかしいとは思われないのですか」といいました。

すると、マンジュシュリーは「維摩居士さん、まだ学んでいない人を軽蔑してはいけない、とブッダはお説きになったではありませんか」と答えました。

そこで、維摩は病床から立ち上がらないままで、これらの菩薩たちの前に、神通力をつかって金色に輝く化身《けしん》の菩薩を作り出し[5]、つぎのようにいいました。

「ここから上に向かって数え切れないほど多くの仏国土を越えて行くと、香りの国という仏国土があり、そこでその国のブッダ（香積如来）が食事をしておられます。あなたはそこに行って、その如来の御足に礼拝してから、私からのお願いの言葉を伝えて下さい。

〝尊師さまのご機嫌をおうかがい申しあげます。ついては、尊師さまの食事の残りを私に下さいますようお願い致します。それによって、私はサハー世界（娑婆世界《しゃばせかい》）で人々を導く仕事をした

5　化身の菩薩とは化仏（けぶつ）ともいわれ、人々を利益するために仏菩薩が仮の姿で現れることをいいます。維摩は病室に集まってきた人々のうちの誰かが、衆香国に行って食事を貰って来てくれることを期待していたのですが、誰も名乗りを上げなかったので、化身の菩薩を作り出したのです。ここにも、菩薩という存在が、何故この世に必要かということが示されています。

いと存じます。そうすれば、この世界の低級な価値観を持っている人々に、広大な教えを信じさせることができるでしょう。また、如来のお名前も広まることでしょう〟と」

化身の菩薩は維摩に命じられた通りに、数え切れないほど多くの仏国土を越えて香りの国に着き、この国のブッダに恭《うやうや》しく挨拶してから、維摩の言葉をお伝えしました。

〈香りの国から見た娑婆世界〉

そのとき、香りの国にいた菩薩たちは光り輝く化身の菩薩を見て驚き、かの国のブッダに、「尊師さま、この菩薩はどこから来たのでしょうか。サハー世界とはどこにあるのでしょうか。低級な価値観を持っている人々とは、どういうことでしょうか」と、尋ねました。

すると、ブッダはお答えになりました。

「菩薩たちよ、この仏国土から下に向かって、ガンガー河の四十二の流れの砂の数ほど多くの仏国土を過ぎて行くと、そこにサハーという世界があって、シャカムニと呼ばれる如来がおられて、人々の質が低下し、社会も乱れた世界のなかで、教えを説いています。また、そこには思慮を超えた悟りの境地にある維摩という菩薩がいて、教えを説いておられます。この維摩が化身の菩薩を作り出して、私の名とこの世界をほめ讃え、これらの菩薩たちの善根を大きなものにするために、この仏国土につかわしたのです[6]」

そこで、香りの国のブッダはあらゆる香りをもつ食器のなかに、あらゆる香りが薫じられた食事を盛って、化身の菩薩に与えました。

そのとき、そこにいた菩薩たちは、香りの国のブッダに「尊師さま、私たちも、かのサハー世界に行き、シャカムニ仏にご挨拶申しあげ、また、維摩居士や菩薩の方々にお会いしたいと思います」と、申しあげました。

6　維摩が、遙か彼方に衆香国を現し出したのに対し、衆香国の方では香積如来が下方を指して、遙か彼方に娑婆という世界があってシャカムニ仏がおわしまして教えを説いている、といっているのです。私たちの住むこの娑婆世界を外側から見ると、そこは汚れに満ちていて住む人々の質は低下し社会も乱れていることがよくわかる、ということでしょう。

するとき、かの国のブッダはいわれました。

「菩薩たちよ、あなた方が今こそそのときだ、と思うなら行きなさい。ただし、かの世界の人々がその香りに酔って自堕落にならないように、自分の身体から香りを取り去って行きなさい。また、娑婆世界の人々が心の混乱を起こさないように、自分の姿を変えて行きなさい。そして、かの世界に行ったら、人々がどんなに低劣であっても、軽蔑したり、怒ったりしてはなりません」[7]と。

そこで、化身の菩薩は香積如来に挨拶してから、その食事を持ってかの国の菩薩たちと一緒に、ブッダの神通力と維摩の不思議な力によって、一瞬のうちに香りの世界から姿を消すやいなや、リッチャヴィの維摩居士の家のなかにいました。

〈香りの国の食事の功徳とは〉

そのとき、維摩は以前と同じ獅子座を現し出したので、そこにかの国の菩薩たちは坐りました。そして、かの化身の菩薩は食物

7　娑婆世界を初めて見て、そこが汚れで一杯になっていて、住む人々は常に苦悩に耐えている有様を知って、香積国の菩薩たちは自発的に娑婆世界に行くことを志願します。香積如来は「娑婆世界の人々がどんなに低劣であっても、軽蔑したり怒ったりしてはならない」という注意を与えて、許可します。これは菩薩たる者の最も重要な心得というべきでしょう。因みに、娑婆とはサハーの音写で、この語が派生した語根には「耐え忍ぶ」の意味がありますので、娑婆世界は「忍土、忍界」と訳されることもあります。この世を苦悩に満ちた世界と見ているのですが、この苦悩に満ちた世界の人々を教化する役割を担っているのがシャカムニ仏です。

を一杯にした食器を維摩に手渡しました。すると、大都市ヴァイシャーリーのすべてのものは、その食物の香りによって薫じられたばかりではなく、千の世界までその香気で一杯になりました。ヴァイシャーリーに住むバラモンや家長たち、リッチャヴィ族の王ソーマッチャトラ（月蓋《がつがい》）はこの香りを嗅いで心身爽快となり、「かつてなかったすばらしいことだ」と感嘆し、八万四千人のリッチャヴィの人々と一緒に維摩の家にやって来ました。そのほか、欲界や色界に住む者たちも香気に誘われて維摩の家に集まってきました。

そのとき、リッチャヴィ族の人・維摩は長老シャーリプトラと仏弟子たちにいいました。

「長老の方々、如来の哀れみの心が薫じられた、この甘露味の食事をお召し上がり下さい。ただし、施物にありつけないのではないかなどというような、狭い心を起こさないで下さい」と。

しかし、その座のなかにいた仏弟子たちは「こんな少しの食事を、これだけ大勢の人々がどのようにして食べるのだろうか」と思いました。これを察知した化身の菩薩はいいました。

「長老の皆さん、あなたがたご自身の狭い知恵や特性と、ブッダの広大な知恵や徳性を同じように思わないで下さい。すべての人々が無限といってよいほど長い間食べようとも、この食事は尽きることがありません。ブッダのお食事の残りは、尽きることのない戒律と知恵と禅定とからなるものですから、それが尽きることは決してないのです[8]」

そこに集まっていた人々は、すべてこの食事をじゅうぶんにいただきましたが、その食事が尽きることはありませんでした。それを食べた人々は皆、身にいい知れぬ安楽を感じ、彼らの毛穴からは香気が漂い出ていました。

〈香りの国の、香りによる説法〉

そのとき、維摩は香りの国から来た菩薩たちに、「かの国のブッ

8　香積国から貰ってきた少量の食事を、八万四千人以上の人々が食べられるのか、という疑問が生まれるのは当然です。しかし、ここでいう香積国の食事とは「戒律と智慧と禅定」からなるものとされるのですから、それはどれだけ多くの人々が食べようとも、決して尽きることがないのは当たり前です。『新約聖書』のなかに、イエスが五つのパンと二匹の魚で「女子供ぬきで、男五千人ばかり」を満腹させたことが記され（『マタイ伝』十四・一三―二一）、イエスの「奇跡」とされますが、ここでは維摩による不思議な出来事を述べようとしているのではなく、大乗仏教の考え方そのものを表そうとしているのです。

ダはどのように教えをお説きになるのですか」と尋ねました。菩薩たちは答えました。

「香りの国のブッダは文字や言葉によって教えを説くのではありません。かの国では、香気によって人々は悟りの世界に導かれるのです。たとえば、人々が香気の樹の下に坐ると、その樹から香気が発散され、その香気を嗅げばすぐに、彼らは〈菩薩のすべての徳性が生まれる源〉（一切徳蔵三昧《いっさいとくぞうざんまい》）という禅定に入り、それによって彼らに菩薩としての徳が生まれるのです[9]」

〈娑婆世界に必要な激越な言葉による説法〉

つぎに、香りの国の菩薩たちが維摩に「このサハー（娑婆）世界では、シャカムニ仏はどのような説法をしておられるのですか」と尋ねました。維摩は答えました。

「香りの国の菩薩の皆さん、このサハー世界の人々は頑固で制御しにくい者たちです。これらの頑固で制御しにくい人々に対し

9　「香りの国」のブッダは文字や言葉によらないで教えを説くということは、この国では文字や言葉を使わなくても心が通じ合うということです。ここでは、香気は以心伝心に心から心に伝わる悟りの心を表している、といってよいと思います。

ては、ブッダは頑固で制御しにくい者を懲戒する教えをお説きになります。[10] それはどんなことかといえば、悪行を行えば地獄に堕ちる、動物に生まれる、これは死神ヤマの世界、これは身体による悪行、これは口（言葉）による悪行、これは口による悪行の報い、これは心による悪行、これは心による悪行の報い、殺してはならない、盗んではならない、不正な性関係を持ってはならない、嘘をついてはならない、貪ってはならない、怒りや愚痴の心を起こしてはならない、これは守るべき戒律の条目に違反している、これは正しい道、これは間違った道、これはやってはいけないこと、これは戒めに反することをした者の罪、などなどです。

このような激越な言葉によって、さまざまな懲戒が説かれ、人々の荒馬のような心を鎮めるのです。たとえば、あばれ馬や象は急所を抉《えぐ》ってまでして調教するように、頑固で制御しにくい人々も、すべての苦を説く激越な言葉によって制御されるのです」

これを聞いて、香りの国の菩薩たちは賛嘆していいました。

10　鳩摩羅什は「此の土の衆生は剛強にして化し難きが故に、仏は為に剛強の語を説きて、以て之を調伏したまう」と訳しています。原語は「制御し難い」の意味ですが、維摩はこの娑婆世界の人々は頑固、頑迷、欲張りで、嫉妬深く、他人を恨み、自我の意識ばかり強く、他人のいうことを聞かず、誠に度し難い、といっているのです。このように度し難い人々に対しては、それにふさわしい強い、激烈な言葉で懲戒することが必要です。地獄に堕ちるとか、悪果があるとかというのは、そのように説かないと教化できない人々がいるからだ、というのです。そのような娑婆世界であるからこそ、菩薩は悪魔にもなって利他行をしなければならないのです。

「シャカムニ仏がブッダとしての偉大さを表に現さないで、頑固で低級な人々を導いておられるのは、誠に奇特なことです。また、このように困難な仏国土のなかに住む菩薩たちの大いなる哀れみの心も、また奇特です」

〈サハー（娑婆）世界の菩薩のはたらき〉

維摩はいいました。

「香りの国の菩薩の方々、あなた方の仰せの通りです。この国に生まれてきた菩薩たちの大いなる哀れみの心は、揺るぎのないものです。彼らは一度この世に生まれただけでも、人々に実に多くの利益を与えますが、香りの国では一千カルパ（劫《こう》）かかってもこれほどの利益を与えることはできないでしょう。それはなぜかというと、このサハー世界には、他の仏国土では見られない、善を積むための十種の教えがあって人々を守り導いているからです。十種とは何かというと――。

貧しい人々には布施することによって守り導き、戒律を破った者たちには戒律を守らせることによって、怒りを持つ者たちには堪え忍ぶ心によって、怠けている者たちには精進努力させることによって、心が散乱している者たちには禅定によって、低い知恵の者たちには般若の智慧によって、ブッダの教えを聞くことができない八つの境界に落ちた者たちには、そこから脱出する八つの方法によって、狭く小さい教え（小乗）を行っている者たちには大乗の教えによって、善根を積んでいない者たちには善根を積ませることによって、いつも四つの救済の方法によって、菩薩たちは人々を守り導いているのです。これらの善を積むための十種の教えによって人々を救済する菩薩は、ほかの仏国土には存在しません」

〈サハー世界の菩薩が積む善根とは〉

香りの国の菩薩たちが、さらに「この世界の菩薩は、このサハー世界から死没して傷つき損なわれることなく、完全に浄らかな仏国土に生まれるためには、どのような善根を積むのでしょうか」と尋ねますと、維摩はつぎのように答えました。[11]

「香りの国の菩薩の方々、それには八種の教えを行わなければなりません。すなわち、私はすべての人々に利益を与えるが、人々から利益を受けることは決してない。すべての人々の苦しみを我が身に引き受け、自分が積んだ善根のすべてを人々にふり向けようとする。

すべての人々に対して、怒りの心を決して起こさない。

あらゆる菩薩を師として尊敬する。

以前に聞いた教えであれ、聞いたことがない教えであれ、これを聞いては決して誹謗しない。

他人が利益を得たことを決して妬《ねた》まず、また、自分の利益を誇ることなく、自分の心を制御する。

自分の過ちについては厳しく吟味し、他人の過失については決

11　香りの国の菩薩たちは娑婆世界の人々を教化することの困難さを知り、あえてその世界で利他行に励む菩薩たちを賞賛するとともに、一体、娑婆世界の人々はどのような善根を積めば、もっと清らかな仏国土に生まれることができるのか、と聞かずにはいられなかったのでしょう。それに対する維摩の答えは、「他人の苦しみを我が身に引き受け、自分が積んだ善根のすべてを人々に振り向ける」ということに尽きると思います。

して責めない。

怠けることなく修行すること（不放逸《ふほういつ》）を喜び、すべての功徳を受持する。

以上のような八種のことがらを行えば、菩薩はこのサハー世界から死没して傷つきそこなわれることなく、完全に浄らかな仏国土に生まれるでしょう」

このように、リッチャヴィ族の人・維摩とマンジュシュリー法王子との対論を聞いて、十万人の人々が悟りを求める心を起し、また一万の菩薩たちが、すべての存在は不生であるとの確信（無生法忍）に到達しました。

第十一章　娑婆世界の菩薩たちのつとめ
……菩薩行品第十一

〈再びアームラパーリー園の集会で〉

そのとき、いつものようにブッダが大勢の人々に教えを説いておられると、[1]突然、その集会の園林が広大となり、集まった人々の身体も金色に輝き出しました。ブッダにお仕えしているアーナンダが驚いて、その理由をブッダにお尋ねすると、「これは維摩とマンジュシュリーが大勢の人々を引き連れて、この集会にやって来るめでたい前ぶれである」と、お答えになりました。

ちょうどそのとき、リッチャヴィ族の人・維摩はマンジュシュリーとともに、ブッダにご挨拶するためにアームラパーリー園に向かおうとしていました。彼は神通力《じんづうりき》を現して自分の部屋にいたすべての者たちを、香りの国から来た菩薩たちを含めて、獅子座に坐らせたままで、そのままそっくり右の掌の上に載せてブッダ

1　『維摩経』という経典をドラマに見立てた場合、菩薩行品から最後の嘱累品までは第三幕に当たります。第二幕において、維摩の病室での維摩とマンジュシュリーとの対論を中心に、この経典の重要なテーマの殆どが語り尽くされましたので、舞台は再びヴァイシャーリー郊外にあるアームラパーリー園のブッダの集会に戻ります。第三幕では維摩が主人公となって大乗の教えを説いたのですが、ここでは再びブッダが登場して、これまでに維摩によって明らかにされた大乗菩薩の境地やはたらきをブッダ自身の言葉でもう一度説き示します。これで、維摩の所説はすべてブッダによって肯定されたことになったのです。

の御許に近づき、人々を地上におろしました。[2] 維摩は獅子座《ししざ》からおりた人々とともに、ブッダの御足に稽首し礼拝してから一面に坐りました。

〈香りの国の香気のはたらき〉

そのとき、ブッダは維摩とともにやって来たシャーリプトラに「君は大乗の菩薩（維摩）の神通力のはたらきを見たか」と、お尋ねになりました。シャーリプトラは「尊師さま、私はこれを見ましたが、あまりにも不思議で、どう考えたらよいか見当もつきませんでした」と、正直に申しあげました。

他方、ブッダの傍にいたアーナンダは、これまで嗅いだことがない芳しい香りが立ちこめているのに気づいたのですが、維摩の部屋での、香りの食事について何も聞いていなかったので、不思議に思ってその香気がどこから出ているのかをブッダに尋ねました。すると、「菩薩たちの身体のあらゆる毛穴から出ている」と

2　この表現も「奇跡」には当たらず、維摩の力量を象徴的に表したものです。

のこと、さらにシャーリプトラに事情を聞き、初めてこの香気が香りの国の食事をとったすべての人々の身体から出ていることを知りました。

そこで、長老アーナンダは維摩に尋ねました。

「維摩居士さん、この香りはいつまで香りつづけるのでしょうか」[3]

維摩が答えました。

「香りの食事が消化し終わるまで香りつづけます」

「それでは、この香りの食事は消化するのにどれだけ時間がかかるのでしょうか」

「この食事は四十九日で消化します。その後七日の間は、この香気はさらに強さを増すでしょう。しかし、すぐに消化しなくても害はありません。

これとは別に、長老のアーナンダさん、悟りに至る資格（正《しょう》位《い》）が決定していない修行者たちがこの食事を食べるならば、彼

3　香りの国からの食事がいつ消化されるかという問題は、大乗の教えを聞く者がそれをいつ、どのように自分のものとし、実践できるのかということです。未だに悟りを求める心を起こしていない者がこれを食べた場合でも、彼らが悟りを求める心を起こしたときには必ず消化されると説かれることによって、この問題の意味はよくわかると思います。

らがとった食事は、悟りに至る資格が決定したときに消化するでしょう。すでに悟りに至る資格が決定している修行者がこの食事を食べるならば、彼らがとった食事は彼らの心が煩悩の束縛から離れるまで、消化しないでしょう。

まだ無上の悟りを求める心を起こしていない人々がこの食事を食べるならば、彼らが無上の悟りを求める心を起こしたとき、消化するでしょう。すでに無上の悟りを求める心を起こした人々がこの食事を食べるならば、彼らが、すべての存在は不生であるという確信（無生法忍）を得るまで、消化しないでしょう。その確信を得た人々がこれを食べるならば、一度だけ生まれ変わってからブッダとなる（一生補処《いっしょうふしょ》）菩薩になったとき、消化するでしょう。

たとえば、長老のアーナンダさん、スヴァードゥ（風味あるもの、上味《じょうみ》）という名の薬が服用されるときは、すべての毒がなくならない間は、この薬は消化されず、毒がなくなった後に消化されて消えます。これと同じように、長老のアーナンダさん、すべての煩悩という毒が消えてなくならない間は、この食事も消化されることなく、煩悩がなくなって後に、初めて消化するのです」[4]

〈さまざまな国のブッダのはたらき〉

このような維摩の言葉を聞いて、長老アーナンダは「尊師さま、この食事はまるでブッダと同じはたらきをしているのですね」と、ブッダに申し上げました。それにたいして、ブッダはつぎのようにお説きになりました。

「その通りです、長老アーナンダよ、君のいう通りです。ある仏国土では菩薩がブッダのはたらきをします。光がブッダのはたらきをする仏国土もあります。同じように、菩提樹、ブッダの優れた姿を見ること、衣服、食事、河、遊園、楼閣、虚空、夢、影、水中の月、陽炎などの比喩を説くこと、言葉を使うこと、言葉を

4　香りの国からの食事は人々の煩悩がすべてなくなったときに、初めて消化されるのですから、大乗の教えも人々に受け入れられ、人々が大乗の教えを完全に行うようになれば「大乗の教え」という観念もなくなるのです。それが本当の仏教だ、と維摩はいいたいのです。

使わないこと、そのほか、ブッダの行・住・坐・臥や毎日の道具や衣服などが、それぞれブッダのはたらきをする仏国土もあります。

長老のアーナンダよ、どの仏国土においても、人々を悟りに導くために、ブッダのはたらきをしないようなものは何一つありません。人々を苦しませる四つの魔も、煩悩さえも、ブッダのはたらきをしているのです。[5]

アーナンダよ、これが〈すべてのブッダの教えに入る門〉という教えへの入り口です。ここに入った者は、醜い低劣な仏国土のなかにあっても絶望することも卑屈になることもなく、また、広大な功徳によって美しく飾られた仏国土の中にあっても、喜ぶことも高ぶることもありません。

どこであっても、あらゆる仏国土のなかで、ブッダは平等に人々を教化するために、そこにふさわしい姿を現してブッダとしてのはたらきをしています。それゆえに、正しく完成した覚者（サン

5　いかなる仏国土においても、そこに存在するあらゆるものがブッダの教えを説いているという考え方は、すでに維摩によって幾たびも説かれています。維摩によれば、悪事をする悪魔さえも私たちに真理を教えてくれているのです。

ヤクサンブッダ）といわれ、如来（タターガタ、真理から来た者）といわれ、ブッダといわれるのです。

アーナンダよ、この三つの言葉の本当の意味は、君や君と同じような心境の人々にはわからないかも知れない。それほどブッダの智慧や弁舌は優れていて、普通の人々には思いも及ばないものなのです」

長老アーナンダはこれを聞いてすっかり恥じ入ってしまい、「尊師さま、これからは自分が多聞第一《たもんだいいち》であるなどと、決して申しません」と、ブッダに申しあげました。[6]

するとブッダはアーナンダにいわれました。

「アーナンダよ、君は卑屈な心を起こしてはなりません。なぜかというと、私が君を多聞第一といったのは仏弟子（声聞）たちと比較してのことであって、菩薩たちと比べてではないからです。菩薩たちの智慧や知識、弁舌などは、君たちの及びもつかないものなのです」

6　シャーリプトラ、マハーカーシュヤパ、アーナンダの三人はブッダから直接教えを聞いた仏弟子（声聞）として、しばしば小乗の代表のように扱われていますが、ブッダも維摩も決して彼らを切り捨てることなく、救いの手をさしのべています。

〈香りの国の菩薩たち、自分の仏国土に帰る〉

そのとき、香りの国から来た菩薩たちは、ブッダを礼拝してから申しあげました。

「尊師さま、私たちは初めてこの国に来たとき、何と劣悪な国か、と思っていましたが、今、この軽蔑の念を捨てようと思います。なぜかというと、この国でのブッダや菩薩の境涯と巧みな方便によるはたらきには、私たちの思いも及ばないものがあるからです。ついては、私たちが香りの国に帰ってからも、この国のブッダを思い起こせるように、何か記念になる教えをお授け下さいませ」と。

そこでブッダは彼らに対して、〈絶対の世界にも止まらず、相対の世界にも止まらない解脱の境地〉（尽《じん》無《む》尽《じん》解《げ》脱《だつ》法門）[7]という教えを詳細に説き示しました。

香りの国から来た菩薩たちはこの教えを聞いて心から満足し、

7　香りの国から来た菩薩たちへの土産となる教えは「尽無尽解脱法門」と呼ばれる教えで、涅槃の世界にも止まらず世俗の世界にも止まっていない菩薩の境地を意味し、不可思議解脱ともいわれる菩薩の境地です。維摩の理想とする菩薩のありかたは、涅槃に入っていないながらも世俗の世界にあり、世俗の世界にありながらも涅槃に入っているという境地なのです。

歓喜しました。彼らはブッダの御足に稽首礼拝《けいしゅらいはい》してから、ブッダを三回右回りしてご挨拶申しあげ、この国から姿を消すやいなや、一瞬のあいだに香りの国のブッダの許《もと》に帰っていました。

第十二章　終わりの三章のなかの大切な教え[1]

……見阿閦仏品第十二　法供養品第十三　嘱累品第十四

〈如来をどのように見たらよいのでしょうか〉

そのとき、ブッダはリッチャヴィ族の人・維摩に「維摩居士よ、あなたは、如来を見ようとするときには、如来をどのように見るのですか」と、お尋ねになりました。[2]

それに対して、維摩はお答えしました。

「尊師さま、私は如来を見ようとしたときは、見ないことによって見ます。如来は過去から生まれたのではなく、未来のはてに行くのでもなく、現在に止まっているのでもないと、私は見るのです。なぜかというと、如来はすべてのものにたいする執着を完全に離れていますが、しかも絶対的な真理のなかに止まっていることはないからです。如来はどのような特別の姿を持つ者でもな

1　鳩摩羅什訳の見阿閦仏品第十二、法供養品第十三、嘱累品第十四の三章は古来、流通分（るづうぶん）と呼ばれ、経典の最後にあって、その教えを後世に伝え広めるために、経典が伝持されることを記す部分です。

2　阿閦仏とはアクショービヤ（無動、無瞋恚の意）の音写語で、東方のアビラティ（妙喜、妙楽）世界の教主とされます。ここでは、阿閦仏の功徳や信仰が説かれるのではなく、維摩の来歴が述べられるなかで、このアビラティ世界で修行をしたことが説かれ、それに関連して、維摩によって、阿閦仏が教えを説いているアビラティ世界のありさまが人々の前に現し出される、というところから「見阿閦仏品」とされるのです。ただ、

く、また、持たないのでもない。すべての文字や言葉を離れ、どんな言葉によってもいい表すことはできません。如来の身体をこのように見る者が、正しい見方をしているのであって、このように見ない人は間違っています」

〈維摩居士はどの仏国土から来たのか〉

そのとき、長老シャーリプトラが「維摩居士はどこの仏国土からこのサハー世界にやって来たのでしょうか」と、ブッダにお聞きすると「直接、本人に聞けばよい」とのことでしたので、正直なシャーリプトラはそのまま維摩に尋ねました。

「維摩居士さん、あなたはどこの仏国土で死んで、このサハー世界に生まれてきたのですか」

維摩はいいました。

「長老のシャーリプトラさん、あなたが悟ったものには、死ぬとか生まれるとかということがあるのですか」

ここで説かれるブッダ観は、この経典の基本的な教えの一つとして重要です。

「私が悟ったものには、死ぬことも生まれることもありません」

「それなら、どうしてあなたは〈どこで死んで、このサハー世界に生まれたのか〉と、お聞きになるのですか。あなたは、どう思われますか。たとえば、マジシャンが幻の男や女を作り出したとして、その男女が死んだり生まれたりすることがあるでしょうか」

「幻の男女には死ぬことも生まれることもないに決まっています」

「長老のシャーリプトラさん、あなたはブッダが〈諸々の存在は幻のような本性を持っている〉とお説きになったのを、ご存じないのですか」

「もちろん、知っていますとも」

「それなら、なぜ、〈どこで死んで、このサハー世界に生まれたのか〉と、お聞きになるのですか。シャーリプトラさん、死ぬとは幻のような存在が滅亡する姿であり、生まれるとはそれが存続する姿なのです。菩薩は死んだとしても、彼の積んだ善根を断絶させることはないし、生まれ変わっても悪を増大させることは決してないのです」

そのとき、ブッダは長老シャーリプトラに対して、維摩居士がアクショービヤ（阿閦《あしゅく》）如来のいますアビラティ（妙喜《みょうき》）世界からやって来た人であることを明かしました。[3]

維摩の出自をはじめて知った人々は、維摩が修行していたアビラティ世界について知りたいと思いました。これを察したブッダのすすめにより、維摩は坐ったままで、神通力によってアビラティ世界のすべてを現し出して見せ、人々を満足させました。

（以上、見阿閦仏品第十二）

〈帝釈天、維摩経守護の誓いを示す〉

そのとき、神々の王インドラ神（帝釈天《たいしゃくてん》）は、ブッダに申しあげました。[4]

3　ここで初めて、維摩はもともとこの娑婆世界にいたのではなく、阿閦仏のいますアビラティ世界から、この世界の人々を利益するためにやってきた人であることが明かされます。

「尊師さま、私は以前に、如来とマンジュシュリー法王子から十万もの教えを聞きましたが、この経典のように思慮を超えた悟りを説く経典の教えを聞いたことはありません。尊師さま、この経典の教えを受け取り、保持し、説き示し、説明する人々は、きっと迷いが消えて真理の器となるでしょう。尊師さま、在家の男であっても女であっても、この経典の教えを説く者に対しては、私は一門の者たちともども敬意をもってお仕えしましょう。村、町、王宮、田舎など、どこであっても、この経典の教えが説かれるところがあれば、私は一門の者を引き連れて、駆けつけてまいりましょう。そして、その教えを信じていない者には信ずる心をおこさせ、信じている者については、その教えを守りましょう」

ブッダはお答えになりました。

「よろしい、よろしい、神々の王よ。過去・未来・現在の諸仏の悟りは、すべてこの経典のなかにふくまれています。それゆえ、神々の王よ、在家の人々がこの経典のお教えを受け持ち、また、

4　ここでは、インドで神々の王とされるインドラ神（帝釈天）が登場して、これより後、この『維摩経』が説かれることがあればどこにでも駆けつけて、その教えを信じている者たちを守ろうと誓います。ブッダもインドラ神の誓いを良しとして、これを認めます。

この経典を書写し、読誦し、内容を解説して他の人々に理解させようとするならば、それがそのまま、過去・未来・現在の諸仏を供養することになるのです」

神々の王よ、在家の人々で、この思慮を超えた悟りの境地（不《ふ》可《か》思《し》議《ぎ》解《げ》脱《だつ》）の教えを受け持ち、あるいはこの経典を読誦し、理解する者があれば、その功徳は財宝による供養よりもはるかに大きい。なぜなら、諸仏の悟りはこの教えから生まれるからです」

（以上、法供養品第十三）

〈大乗の心を委嘱する〉

そのとき、ブッダは大菩薩マイトレーヤ（弥《み》勒《ろく》菩薩）にいわれました。

「マイトレーヤよ、私が無数カルパにわたって完成した、この、この上なく正しい悟り（無上正等覚）を、今君に委嘱する。これより後、君は修行の結果としての力（神力）によって、この経典の教えを受け持ち、この世界（ジャンブドヴィーパ、閻浮提《えんぶだい》州《しゅう》）に広め、決して消滅しないようにしなければならない。なぜかというと、将来、在家の人々、あるいは天、竜、ヤクシャ、ガンダルヴァなどが善根を積み、この上ない正しい悟りに至るとき、この経典の教えを聞かなかったことによって、軽蔑されることがないようにとの思いからである。これに反して、この経典の教えを聞けば、彼らは大いに喜び、信ずる心を起こして心の底から聞き入れるであろう。マイトレーヤよ、そのときにこそ、在家の男女を守るために、君はこの経典を広めなければなりません」

このように説かれたとき、マイトレーヤはブッダに申しあげました。

「かしこまりました、尊師さま。私は如来が無数カルパにわたって完成された、この上なく正しい悟りを完全に守り、受け持ちます。未来の在家の男女で法の器となる者には、かならずこの経典を手に入れさせます。そして、彼らの記憶力を引き起こし、それによって、彼らにこのような経典を信じさせ、受け持たせ、暗記させ、保持させ、完全に理解させ、書写させ、そして他の人々に、経典の教えを詳しく説明できるようにさせましょう」[5]

〈他仏国土の菩薩、四天王の誓い〉

そのとき、他の仏国土から集まって来た菩薩たちは、ともにブッダに申しあげました。

「尊師さま、私たちも尊師さまが涅槃に入られた後は、それぞれの仏国土からこの国にやって来て如来のブッダとしての悟りを広めましょう」と。

四天王もまた、ブッダに申しあげました。

「尊師さま、村、町、都市、地方、王宮など、どこであっても、この経典の教えが説かれ説明されることがあれば、われわれ四天《してん》王《のう》は軍隊を率い、若者や従者を連れて、教えを聞くために駆けつけましょう。説法の範囲がどれだけ広くても、説法する人に害を

5　ブッダは、これからの世界を救済する責任を負ったマイトレーヤ（弥勒）にたいして、特に在家の人々にこの経典の教えを説き示し、それによって在家の男女を守るために、この経典を広めるよう委嘱し、マイトレーヤもそうすることを誓います。

与えようとする者に付け入る隙を与えないように、教えを説く人をお守りしましょう」[6]と。

〈アーナンダへの委嘱と経典の名称〉

終わりに、ブッダは常に傍にいてお仕えしている長老アーナンダにいわれました。

「アーナンダよ、君はこの法門を受け持《たも》ち、守りなさい。そしてこの経典の意義を、声高らかに人々に説きあかしなさい」

アーナンダはお答えしました。

「尊師さま、私はこの法門を受け持ちますが、この法門の名は何というのでしょうか。また、どのように受け持ったらよいのでしょうか」

「アーナンダよ、この法門は〈維摩によって説かれた教え〉という名であり、同音異義の語や逆説で表現するしかない〈思慮を超えた解脱を説く章〉〈不可思議解脱法門《ふかしぎげだつほうもん》〉とも名付けられる。

6　マイトレーヤに経典が委ねられたのを見て、他の仏国土から来た菩薩たちも経典の受持を誓い、四天王も経典の教えを説く者を守護すると誓います。

君はこれを受け持たねばなりません」と。

ブッダがこのようにお説きになると、リッチャヴィ族の人・維摩、マンジュシュリー法王子、長老アーナンダ、これらの菩薩たち、仏弟子たち、天、人、アスラ、ガンダルヴァなど、この集まりにいるすべての者たちは大いに喜び、ブッダの説法をほめ讃えました。

（以上、嘱累品第十四）

第㊂部…『維摩経』からのメッセージ

『維摩経』には、名場面や名句が沢山あります。ここでは、そのうちの重要なもの、一般によく知られているものを、名訳といわれる鳩摩羅什訳とサンスクリット文からの和訳でご紹介しましょう。

1　浄心《じょうしん》もて仏《ほとけ》を観《かん》じて、欣《よろこ》ばざる靡《な》し。各《おのおの》は世尊《せそん》、其《そ》の前《まえ》に在《いま》すと見《み》る（仏国品第一）

（ここに集う人々が、浄らかな心をもってブッダの尊顔を仰ぎ見るとき、一人一人が、ブッダが自らの目の前におわしますと思います）

仏教では、信仰は「心が浄らかになったこと」といわれます。そこで、「浄心もて仏を観じる」とは、ひたむきな信仰心をもってブッダを念ずれば、ブッダが自分自身の目の前におられるのを感じ取ることができる、という意味です。仏教信仰の原点を示す言葉です。

2　仏《ほとけ》は一音《いちおん》を以《もっ》て法を演説《えんぜつ》したまうに、衆生《しゅじょう》は類《たぐい》に随《したが》いて各《おのおの》解《げ》することを得《う》（仏国品第一）

（ブッダはただ一つの言葉をお説きになるのですが、集まった人々は様々な意味に理解し、おのおのが自分のための言葉として理解します）

ブッダはただ一つの言葉をお説きになるのですが、それを聞く人々は自分自身の境遇や心のあり方に従って、ある人は歓喜し、ある人は畏れを抱き、また、ある人はこれまでもっていた疑問が氷解した、というのです。これも、ブッダの偉大な徳性の一つです。

3　もし菩薩《ぼさつ》にして浄土《じょうど》を得《え》んと欲《ほっ》せば、当《まさ》にその心《こころ》を浄《きよ》むべし。其《そ》の心浄《こころきよ》きに随《したが》いて、則《すなわ》ち仏土浄《ぶつどきよ》し（仏国品第一）

（仏国土を浄らかにしようと望む菩薩は、自分自身の心を浄らかにしなければなりません。何故かというと、菩薩の心が浄らかであることに従って、仏国土は浄らかになるからです）

これは、「清浄な仏国土を建設するにはどうしたらよいか」という、『維摩経』全体を通じての最も重要なテーマの出発点を示す言葉です。仏国土とは、私たちが住むこの地球上の世界であり、この世界を浄らかにしようとしたら、先ず、私たち自身が自分勝手な欲望の追求を離れて、環境の保全や人類全体の本当の幸福をはかろうとする意欲と強い決意を持つことが必要です。その意欲・強い決意にもとづいて、この娑婆世界における菩薩の活動が始められる、というのがこの経典の主張です。

4　穢食《えじき》を以《もっ》て宝器《ほうき》に置《お》く無《な》かれ。当《まさ》に此の比丘《びく》の心の念《ねん》ずる所《ところ》を知《し》るべし（弟子品第三）

（あなたは、大きな宝の器のなかに、古くなって腐りかけた食べ物を盛ってはなりません。あなたは、ここにいる修行僧たちがどのような意欲を持っているかを、まず知らなければならないのです）

これは、仏弟子中で説法第一といわれるプールナに対して、決まり切った伝統的な教えをマニュアル通りに、ただ一方的に説いているだけではないか、と批判した維摩の言葉です。人に教えを説くときには、先ず禅定に入って心を鎮め、教えを聞こうとしている人々の心をよく見極めてから、教えを説くべきである。とくに、道を求めて新たに仏弟子となった人々は宝の器であり、この限りない可能性を持つ宝の器に、穢れた食べ物、すなわち古くなって鮮度を失った教えを入れてはならない、というのです。これは教育の原点を示す言葉といってもよいと思います。

5　一切衆生《いっさいしゅじょう》は皆《み》な如《にょ》なり。一切法《いっさいほう》も亦《ま》た如《にょ》なり。衆《もろもろ》の聖賢《しょうけん》も亦た如《にょ》なり。弥勒《みろく》に至《いた》りても亦《ま》た如《にょ》なり。若《も》し弥勒《みろく》、受記《じゅき》を得《え》ば、一切衆生も亦た応《まさ》に記《き》を受《う》くべし（菩薩品第四）

（すべての人々が真如をもともと具《そな》えています。すべての存在も真如を具えています。その同じ真如があなたにも具わっています。だから、マイトレーヤさん、あなたが悟りを開くと預言されたのであれば、すべての人々もまた、悟りを開くであろうと預言されていることになります）

弥勒菩薩は、遠い未来においてこの世に出現し、未来のブッダとなって衆生を救済することをブッダから預言（受記）された菩薩です。この「成仏を預言された」ということに対して、維摩は弥勒だけが成仏を預言されたというのはおかしい、弥勒が預言されたのならば、すべての人々が成仏の預言を受けているはずだ。ブッダとなるという本性は、弥勒も私も誰彼の区別無く本来すべての人々に具わっているのだから、というのです。大乗仏教の一切衆生悉有仏性《いっさいしゅじょうしつうぶっしょう》の思想を、『維摩経』的にいい表した言葉です。

6　布施、是《こ》れ道場《どうじょう》なり。報《ほう》を望《のぞ》まざるが故《ゆえ》に（菩薩品第四）

（悟りの座とは、果報を期待しないから布施の座です）

「悟りの座」とは鳩摩羅什は「菩提道場」と訳し、修行の場という意味です。ヴァイシャーリー市に住む光厳童子という在家の菩薩にたいする維摩の言葉で、在家出家を問わず、日常生活のすべてが修行の場であると説くうちの一句です。ここでは、果報を期待しない行為ということが重要です。

7　一切衆生《いっさいしゅじょう》病《や》むを以《もっ》て、この故《ゆえ》に我《わ》れ病《や》む。若《も》し一切衆生の病滅《やまいめっ》せば、則《すなわ》ち我が病《やまい》も滅《めっ》せん（文殊師利問疾品第五）

（すべての人々に病気があるかぎり、私の病気も続き、あらゆる人々の病気がなくなったら、はじめて私の病気もしずまるでしょう）

文殊師利菩薩が病気の維摩を見舞い、「あなたは何故病んでいるのか」と質問したのにたいする維摩の答えです。菩薩は人々を苦しみから救うためにこの世にある存在ですから、苦しむ人、悩みを持つ人が一人でもいるかぎり、この世にあって救済活動を続けます。しかも、その救済の仕方は高見に立って苦しむ人々を救い上げるのではなく、苦しむ人々と同じ立場でともに苦しみ、ともに立ち上がって行くのですから、人々が病んでいるあいだは、ともに病むことになります。これは、大乗仏教の重要な思想の一つです。

8　己《おのれ》の疾《やまい》を以《もっ》て彼《かれ》の疾を愍《あわれ》め（文殊師利問疾品第五）

（あなた自身が病むことによって、病気で病み苦しんでいる他の人々を哀れまなければなりません）

『維摩経』では菩薩が病気をしたときの心得とともに、病む人を見舞う人に対する注意事項が説かれています。お見舞いの心得の中で、病中の人にたいする思いやりが重要なのは今も昔も変わりないのですが、仏教でいう大悲は相手との共感を基本としています。だから、病む人と見舞う人とが共感関係で結ばれることが本当の見舞いなのです。自分が病気で苦しい思いをすることは、他人の病気の苦しみに共感する心を得たことになる、ということができると思います。

9　若《も》し菩薩《ぼさつ》、是《こ》の解脱《げだつ》に住《じゅう》せば、須弥《しゅみ》の高広《こうこう》なるを以《もっ》て芥子《けし》の中《なか》に内《い》れて増減《ぞうげん》する所無《ところな》し。須弥山王《しゅみせんおう》の本相《ほんそう》は故《もと》の如《ごと》し。而《しか》も四天王《してんのう》・忉利《とうり》の諸天《しょてん》は己《おのれ》が入《はい》る所を覚《さと》らず、知らず。唯《た》だ応《まさ》に度《ど》すべき者は乃《すなわ》ち須《しゅ》弥《み》の芥子中《けしちゅう》に入るを見る。是《これ》を不可思議解脱《ふかしぎげだつ》の法門《ほうもん》と名付《なづ》く」（不思議品第六）

（思慮を超えた悟りの境地にある菩薩は、山々の王たる高く広いスメール山を、一粒の芥子の種の中に入れるのですが、その芥子粒が大きくなることもなく、スメール山が小さくなることもありません。しかも、そこに住んでいる四天王や三十三天の神々は、自分たちがどこに入れられたかに気づきません。しかし、神通力を持っている人々だけは、山々の王たるスメール山が芥子粒の中に入れられたことを知り、見ているのです）

「不思議品第六」では、不可思議解脱（思慮を超えた悟りの境地）に達した菩薩は、日常的な常識からすれば不思議としかいいようのないことを可能にする、と説かれます。その不思議な出来事の最初にあげられるのが、一つの芥子粒の中にインド的宇宙の中心にあるスメール山（須弥山）を入れ、そのどちらにも増減はないということで、極大と極小が融け合って無差別一体となっていること（相即）の意味に理解されています。

10　この華《はな》を謂《い》いて如法《にょほう》ならずと為《な》す勿《な》かれ。所以《ゆえ》は何《いかん》となれば、この華には分別《ふんべつ》する所《ところ》無《な》し仁者《なんじ》は自《みずか》ら分別想《ふんべつそう》を生《う》むのみ（観衆生品第七）

（この華が出家の身にふさわしくないということはありません。なぜなら、これらの華は考えたり善し悪しを思いはかることはなく、長老シャーリプトラさまの方が考えたり善し悪しを思いはかっておられるからです）

維摩の部屋に天女が現れ、舞いながら華びらを降らせたところ、菩薩たちの身体の上に降りかかった華びらはさらりと地上に落ちるのですが、仏弟子たちの上に落ちてきた華びらは彼らの身体に付着して、地上に落ちません。そこでシャーリプトラが身体を揺すったりして華を落とそうとしているのを見て、天女が訳を尋ねると、彼は「この華を身に付けたように見え、出家に身にはふさわしくないから取り去ろうとしている」と答えます。それにたいして、天女は「華には何の不都合もなく、出家の身にはふさわしくないのではないか」と思う、あなたのとらわれた心こそ問題だ、といっているのです。

11　我《わ》れ十二年《じゅうにねん》より来《このかた》、女人相《にょにんそう》を求《もと》めて、了《つい》に不可得《ふかとく》なり（観衆生品第七）

（私は十二年の間、「女性であること」を探し求めてきましたが、未だにそれが得られません）

仏弟子のなかで智慧第一といわれたシャーリプトラ（舎利子）は、天女と問答をするうちに、彼女の優れた力量に感心したのですが、古い女性観を持つ彼は天女にたいして「あなたはこれほどの力量を持っているのに、どうして男性となって悟りの境地に入らないのか」と尋ねます。これは、それに対する天女の答えです。ブッダの教えを学び実践するという点において、男性も女性もまったく平等であり、男性とちがう女性としての特殊性など何もない。元々男も女もなく、ただ人間があるだけであり、女性の身体ということにこだわるあなたは仏教の何たるかが、まだわかっていない、と天女はいっているのです。

12　若《も》し菩薩にして非道《ひどう》を行《ぎょう》ずれば、是《これ》を仏道に通達《つうだつ》すと為《な》す（仏道品第八）

（菩薩が非道を行くとき、ブッダの教えに深く達することができるのです）

これは「どのようにして菩薩の道を実践したらよいのでしょうか」、という文殊師利の問いに対する維摩の答えです。大乗の菩薩は自分は高みにたって、底辺で苦しんでいる人々をすくい上げるという存在ではありません。悩み苦しみ、また、自分の犯した罪に怯える人々、罪の自覚もなく悪事を行う人々などと同じ立場に立って、これらの人々と心を通わせながらブッダの道に導いて行く、これが菩薩の道です。従って菩薩は現実の世にあっては、悪と見られる行為を行うこともあるし、戒律に従わない姿を見せることもあります。これはすべて人々の利益のためであり、このような行為をすることができるようになって、初めて仏道に通達した者と呼ばれるのです。

13　智度《ちど》は菩薩の母《はは》なり。方便《ほうべん》は以て父《ちち》と為《な》す。一切衆《いっさいしゅ》の導師《どうし》にして、是《こ》こ由《よ》り生《しょう》ぜざるなし（仏道品第八）

（菩薩にとっては智慧の完成行〝般若波羅蜜〟が母、巧みな方便が父、世を導く菩薩はこの両親から生まれます）

普現色身《ふげんしきしん》という名の菩薩が維摩に対して、「あなたの父母、妻子、眷属、友人、雇い人はだれですか」と尋ねたのに対する答えです。般若の智慧は人間存在にもともと具わっているものですが、その智慧はこの世ではたらくことによって、初めて意味を持ちます。従ってその智慧のはたらきの手段、すなわち方便が重要な意味を持ち、智慧と方便が一体となって利他の行為が行われたとき、般若の智慧は完成されたといわれるのです。この世にあっては、母たる智慧と父たる方便から生まれるのが菩薩である、というのが大乗仏教の基本的な考え方です。

14　其《そ》の恐懼《きょうく》有《あ》る衆《ひとびと》には、前《まえ》に居《ご》して慰安《いあん》し、先《さき》に施《ほどこ》すに無畏《むい》を以てし、後《のち》に道心《どうしん》を発《お》こさしむ（仏道

品第八）
（恐怖にうちひしがれた人々にたいしては、常にその前に立ち、彼らを安心させて悟りにむかって成熟させます）
菩薩の幾多の徳性を述べるうちの一つです。ここでは、病気がはやったときには、菩薩は薬草となって病気を除き、飢饉のときは飲食となり、戦争が起これば仲裁し、国や町の指導者となるなどの社会的な面と、恐怖の人には常にその前にいて心を安んずるなどの内面の指導を絶えず行うのが菩薩の努めとされるのです。

15　我が意《い》の如《ごと》くんば、一切法《いっさいほう》に於いて言《ご》無く、説《せつ》無く、示《じ》無く、識《しき》無く、諸問答《しょもんどう》を離《はな》るる、是《これ》を不二《ふに》の法門《ほうもん》に入《はい》ると為《な》す（入不二法門品第九）
（言葉で説くことを離れ、すべての教えを説かず、語らず、説明せず、いい表さないこと、これが不二に入ることです）

「入不二法門品」では総計三十二人の菩薩が登場して、不二、すなわち「二にして一とは何か」ということについて、それぞれが自説を開陳します。それを聞き終わって、最後に文殊師利が「皆さんの説はすべて正しいのですが、まだ徹底していない」といって自分の回答を示したのがこの文です。悟りの境地は文字や言葉では表せない、人間の思慮を超えた境地だ、といっているのです。

16　文殊師利《もんじゅしり》は維摩に問《と》えり。何《なん》らか是《こ》れ菩薩不二《ふに》の法門《ほうもん》に入《はい》るなる。時に維摩詰《ゆいまきつ》は黙然《もくねん》として言無《げんな》し。
（入不二法門品第九）

（マンジュシュリーは維摩にいいました。「維摩居士さん、私たちはそれぞれ自分の意見を述べました。あなたも、不二に入るとはどういうことかをお話し下さい」と。そのとき、リッチャヴィの人・維摩は、沈黙して一言も語りませんでした）

これは文殊師利の「悟りの境地は文字や言葉では表せない」ということを受けて、維摩がその文字でいい表せない境地を身をもって示していることを表す、と解することができます。そこで、文殊師利は感嘆して「見事だ、見事だ。そこには文字もなく、言葉もない。これこそ真に不二の法門に入ることだ」といって、不二に入るとはどういうことかという問題の結論としています。『維摩経』全体を通じてのハイライトとされてきたところです。

17　仏《ほとけ》を香積《こうしゃく》と号《ごう》し、今《いま》、現《げん》に在《いま》せり。其の国の香気《こうけ》は十方《じっぽう》の諸仏世界《しょぶつせかい》、人《にん》・天《てん》の香《かお》りに比《ひ》して、最《もっと》も第一《だいいち》たり。彼《か》の土《ど》に声聞《しょうもん》・辟支仏《びゃくしぶつ》の名有《なあ》ること無く、唯《た》だ清浄《しょうじょう》の大菩薩《だいぼさつ》のみ有《あ》りて、仏は為《ため》に法を説く。其《そ》の界《かい》は一切《いっさい》、皆《み》な香《かお》りを以て楼閣《ろうかく》を作《つく》る。経行《きょうぎょう》の香地《こうち》・苑園《えんおん》、皆香《みなかぐわ》し（香積仏品第十）

（香りの世界には「最上の香りの集まり」という名の如来〝香積如来〟が今も住んでおられます。この仏国土では、あらゆる仏国土に住む神々や人々の香りよりもはるかに優れた香りがただよっています。

この国では、声聞や縁覚という名称さえなく、浄らかな菩薩の集まりだけがあって、彼らのために、かの国の如来は教えを説いておられます。また、この国では、すべての家屋や道、遊園などはすべてよい香りからなっています）

この娑婆世界の上方の、ガンガー河諸流の砂の数ほど多くの仏国土を超えて行くと、衆香国という名の世界があり、その国には香積如来がおわしまして、今も教えを説いている、というのです。この衆香国は、娑婆世界との対比において説かれる理想の世界で、芳香に満ちた世界です。ここでは、すべてのものが香りで作られ、芳香を放っています。説法も香りで行われ、ブッダもきつい言葉で菩薩たちを戒めることはありません。衆香国はいわゆる浄土の一つなのですが、それを香りに満ちた国としたところに、この経典の作者の詩的なイマジネーションの豊かさを感じます。

18　此《こ》の土《ど》の衆生は剛強《ごうごう》にして化《け》し難《がた》きが故《ゆえ》に、仏は為《ため》に剛強《ごうごう》の語《ご》を説《と》きて、以《もっ》て之《これ》を調伏《ちょうぶく》したまう（香積仏品第十）

（この娑婆世界の人々は頑固で制御し難い者たちです。これらの頑固で制御し難い者たちを懲戒する教えをお説きになります）

香積国から来た菩薩たちが「娑婆世界では、シャカムニ仏はどのような説法をしておられるか」と、尋ねたのに対する維摩の答えです。「剛強」とは頑固で人のいうことを聞かず、思いやりもない、意地悪な性格というほどの意味で、娑婆の人々はこのような者であるからブッダは、あれをしてはいけない、これをすると地獄に堕ちる、などというきつい言葉を使って、悪を行った者を懲戒し、道に外れた者を正しい道に引き戻して悟りを求める心をおこさせる、というのです。これは香積国と比べて、娑婆世界の衆生の特徴を述べているのですが、なるほど、と感じさせる言葉です。

19　是《かく》の如《ごと》く、阿難よ、諸仏の威儀《いぎ》・進止《しんし》あり。諸《もろ》ろの施為《せい》する所《ところ》、仏事《ぶつじ》に非《あら》ざる無《な》し（菩薩行品第十一）

（長老のアーナンダよ、どの仏国土においても、人々を悟りに導くために、ブッダのはたらきをしないようなものは何一つありません）

ある仏国土では光がブッダのはたらきをし、有る仏国土では菩提樹がブッダのはたらきをし、また、ある仏国土では衣服、食事、山、河など、すべてのものがブッダのはたらきをしているのです。四つの魔も煩悩さえも、ブッダのはたらきをしているという考え方は、大乗仏教の特色をよく表しています。

20　是《こ》の善男子《ぜんなんし》、善女人《ぜんにょにん》の、是《こ》の不可思議解脱経典《ふかしぎげだつきょうてん》を聞《き》きて、信解《しんげ》・受持《じゅじ》・読誦《どくじゅ》・修行《しゅぎょう》する者の福は、彼《かれ》より多《まさ》れり。所以《ゆえ》は何《いか》んとなれば、諸仏《しょぶつ》の菩提《ぼだい》は皆是《みなこ》れより生ずればなり（法供養品第十三）

（神々の王よ、在家の男女で、この思慮を超えた悟りの境地〝不可思議解脱〟の教えを受け持ち、あるいはこの経典を読誦し、理解する者があれば、その功徳は財宝による供養よりもはるかに大きい。なぜ

なら、諸仏の悟りはこの教えから生まれるからです）

善男子、善女人とは仏教を信ずる在家の男女のことです。不可思議解脱経とは『維摩経』の別名です。従って、ここでは、在家の人々が『維摩経』の教えを聞いて、理解し信じ、またそれを受け持ち、読誦し、その教えにしたがって修行し、生活するならば、その人の功徳は、財宝による供養や仏塔を造って供養する人々が得る功徳よりもはるかに大きい、とされるのです。これは、この経典が在家の人々のために作られたことをよく表しています。在家の居士・維摩の教えは専門的な出家修行者よりも、私たちのような在家のまま仏道を歩こうとしている者に向けられたものであるといってよいと思います。

21　弥勒《みろく》よ、我れ今《いま》、是《こ》の無量《むりょう》阿僧祇劫《あそうぎこう》に集《あつ》むる所《ところ》の阿耨多羅三藐三菩提《あのくたらさんみゃくさんぼだい》の法《ほう》を以《もっ》て、汝《なんじ》に付嘱《ふぞく》せん。是《かく》の如《ごと》き輩《たぐい》の経《きょう》を、仏の滅後《めつご》、末世《まつせ》の中《なか》に於《お》いて、汝《なんじ》らは神力《じんりき》を以《もっ》て広く宣《の》べ、閻浮提《えんぶだい》に流布《るふ》して断絶《だんぜつ》せしむること無《な》かれ」（嘱累品第十四）

（マイトレーヤよ、私が無数カルパにわたって完成した、この、この上なく正しい悟りを、今君に委嘱する。是より後、君は修行の結果としての力〝神力〟によって、この経典を受け持ち、この世界〝閻浮提州〟に広め、決して消滅しないようにしなければならない）

付嘱とは、経典の教えを人々に説き示す役割を委ねることです。弥勒は未来の世界のブッダとしてシャカムニ仏のはたらきをする者ですから、彼にその責任を持たせるのは当然です。現在まで『維摩経』が伝えられ、読み継がれ、研究され続け、また、今も、その教えによって生活しようとする人々があることを思えば、弥勒菩薩に代わってこの経典を守り、その教えを説き伝える人々がいたことに感動します。私もほんの少しでもいいから、維摩の心を伝えることができたらと思います。

菅沼　晃（すがぬま　あきら）
1934年、群馬県生まれ。東洋大学大学院文学研究科博士課程修了。文学博士。専攻はインド哲学、仏教学、サンスクリット語。1991年から94年まで、東洋大学学長をつとめた。現在、東洋大学名誉教授。朝日カルチャーセンター、谷中・全生庵「清風仏教文化講座」などに出講。
著書に『道元辞典』（東京堂出版）『道元が叱る』『ドラマ維摩経全三幕』（佼成出版社）『維摩経をよむ』（NHKライブラリー）『ブッダとその弟子８９の物語』『ブッダの悟り３３の物語』（法藏館）『釈迦の説話に耳を澄ませてみませんか』（河出書房新社）『新・サンスクリットの基礎　上下』（平河出版社）などがある。

誰でもわかる維摩経《ゆいまきょう》

平成23年 6月10日 初版第1刷発行 ©

著　者　菅　沼　　晃
発行人　石　原　大　道
印刷所　三協美術印刷株式会社
製　本　株式会社 越後堂製本
発行所　有限会社 大法輪閣
東京都渋谷区東２−５−36　大泉ビル2F
TEL　(03) 5466-1401(代表)
振替　00130-8-19番

ISBN978−4−8046−1320−8　C0015　Printed in Japan